Tattiche di conversazione

Manuale Di Comunicazione Efficace Per Principianti: Come Iniziare Una Conversazione, Compiacere, Argomentare e Difendersi. Distruggere l'Ansia Sociale e Gestire Qualsiasi Interazione Nel Modo Corretto

Vincenzo Colombo

Copyright 2020 – Vincenzo Colombo.
Tutti i diritti riservati.

È severamente vietato riprodurre il seguente testo in qualsiasi sua parte.

Indice

INTRODUZIONE — 7

COME OTTENERE UNA FANTASTICA PRIMA IMPRESSIONE — 9

SCONFIGGERE L'ANSIA SOCIALE UNA VOLTA PER TUTTE — 19

ROMPERE IL GHIACCIO: COME AVVIARE UNA CONVERSAZIONE CON CHIUNQUE — 27

LE 4 PERSONALITÀ — 41

ADDIO TIMIDEZZA: COME ESSERE PIÙ SICURI DI SÉ — 53

ADDIO NOIA: COME INTRATTENERE, COMPIACERE, INTERESSARE — 73

IL DECALOGO DELLA BUONA CONVERSAZIONE — 87

POTRESTI ESSERE INTERESSATO ANCHE A... — 93

Introduzione

«La gente non ascolta, aspetta solo il suo turno per parlare». (Chuck Palahniuk)

L'uomo è un animale sociale, vive di relazioni. La qualità della sua vita dipende proprio dalla qualità delle relazioni che ha con gli altri esseri simili a lui. E la qualità delle nostre relazioni non dipende tanto dalla fortuna di trovare persone con cui ci troviamo bene e con cui è un piacere avere a che fare ma dalla nostra capacità di comunicare con qualsiasi tipo di persona: dall'amico con cui siamo in perfetta sintonia al collega con cui magari non abbiamo nessun feeling. È proprio con persone distanti dal nostro stile comunicativo che si misura la nostra abilità di comunicare.

Questo manuale ti fornirà passo dopo passo le informazioni più importanti di cui hai bisogno per migliorare le tue abilità nella conversazione e per ottenere di più da te stesso. Tra le pagine di questo libro, scoprirai come essere convincente agli occhi degli altri, rompere il ghiaccio con le altre persone, gestire la conversazione in maniera più sicura, tranquilla e rilassata e, infine, fare una bella impressione e ottenere di più dalle tue relazioni.

Noterai come in realtà sia facile creare nuovi rapporti, stringere amicizie e essere più amati. Imparerai come ci si deve comportare in determinate situazioni e come rispondere a determinate domande. Ti verranno proposte delle frasi per colpire nel segno e che sono allo stesso tempo facili da ricordare.

Se ti sei mai sentito a disagio incontrando nuove persone, se ti preoccupi per l'ansia sociale, se non sai come parlare alle persone o renderti interessante, questa breve guida alla conversazione ti trasformerà in qualcuno con cui la gente amerà parlare.

Come ottenere una fantastica prima impressione

«Parlare è un bisogno. Ascoltare è un'arte». (Goethe)

Meno di un secondo. Poco più di un battito di ciglia. È il tempo che le persone impiegano per etichettarci e formulare un giudizio di massima che probabilmente non cambieranno mai più. La caratteristica fondamentale della prima impressione è che non è mai oggettiva, perché sempre condizionata da schemi mentali, ricordi, aspettative, esperienze, stati d'animo, emozioni (e così anche il processo successivo di raccolta ed elaborazione delle informazioni).

Per creare la migliore prima impressione possibile, quindi, occorre prestare attenzione alle seguenti quattro emozioni:

- divertimento
- fiducia
- rispetto
- e infine *l'effetto specchio*: spostare le luci dei riflettori, che le altre persone trasmettono su di noi, di nuovo su di loro

Il divertimento

Cominciamo da quello che io credo fermamente debba venire per primo: il divertimento. Quasi tutti gli atteggiamenti carismatici e i modi in cui le persone reagiscono alle tue parole derivano dal tipo di energia che trasmetti. Sono sicuro che anche a te, nel corso della tua vita, sarà capitato di conoscere alcune persone che, solamente standoti vicino, ti hanno fatto sentire a disagio, triste o pigro. E allo stesso modo ci sono alcune persone la cui vicinanza ti dà subito il buon umore.

Durante una prima impressione, questo è uno dei punti più critici che però spesso viene sorvolato, perché diamo più importanza all'essere percepiti come *professionali*. In realtà, l'abilità di condividere energia positiva fa sorridere le persone, le fa sentire bene e a proprio agio: questo è ciò che intendo per "divertimento".

Quando sei divertente, anche il resto della tua vita è migliore. Quando ti senti felice e sorridente non solo sei più propenso a fare una battuta e di conseguenza ti sentirai meglio durante l'interazione, ma ti aiuterà anche a concentrarti di più su te stesso. La maggior parte delle persone, infatti, passa la vita preoccupandosi di cosa pensano gli altri, trascurando le proprie sensazioni. Date meno importanza a ciò che pensano gli altri di te, paradossalmente, ti farà diventare più autentico e carismatico.

Ci sono un paio di qualità che riguardano questa energia del divertimento che credo siano molto importanti. Prima di tutto c'è la positività. Questo significa avere un'attitudine spensierata e leggera, fare delle battute e magari smuovere le cose durante riunioni lavorative o situazioni socialmente "pesanti". Attenzione: non bisogna necessariamente essere dei clown per far sorridere le altre persone e portare un po' di luce nelle loro vite.

Noi siamo come una spugna: se ci divertiamo, saremo anche più divertenti. Prima di andare ad un appuntamento o partecipare ad un evento, guarda giusto una o due clip tratte da qualche film divertente. Non solo ciò ti metterà in buon umore, ma riuscirai anche a copiare inconsciamente la sensibilità e il senso dell'umorismo degli attori che stai guardando.

Il senso di fiducia

Come costruire la fiducia in ogni interazione? La risposta più semplice è anche quella più ovvia: *essendo onesti*. Non solo mentire è poco etico, ma impedisce di costruire uno stato di fiducia a lungo termine. Bisogna essere onesti senza badare ai propri interessi: quando ti apri e riveli un tuo punto debole, mettendo a nudo le tue vulnerabilità (per intenderci, qualcosa di cui le altre persone sarebbero imbarazzate a comunicare in pubblico), stimoli i tuoi ascoltatori ad abbandonare le loro difese e iniziare a fidarsi di te. Questo è ciò a cui danno importanza, al di sopra di una presentazione artificiosa e manipolativa del tuo carattere.

Per generare fiducia, anche il tatto è fondamentale: infatti, è in grado di rompere il confine fra te e il tuo interlocutore, e permette a entrambi di aprirsi e sentirsi a proprio agio. Sono sicuro che, almeno una volta, hai provato ad entrare in qualche gruppo di amici di amici, senza sapere cosa fare, in attesa che qualcuno dei tuoi amici ti presentasse agli altri. In queste situazioni non sei mai davvero sicuro di essere parte del nuovo gruppo, perché non sei stato inserito automaticamente attraverso il tocco. La triste verità è che noi umani condividiamo dei valori ancestrali con gli altri mammiferi: fai caso al modo in cui i cani si avvicinano l'un l'altro per conoscersi meglio. Solitamente, noi ci stringiamo la mano o addirittura ci abbracciamo.

Potrebbe non sembrare molto importante perché questi contatti spesso durano solo una frazione di secondo, ma fai caso a come ti senti se hai l'opportunità di salutare le persone con una stretta di mano in un gruppo. Questo piccolo trucco ti farà inserire velocemente nel gruppo e sarai uno di quelli la cui fiducia è stata stabilita immediatamente. La buona notizia è che, se per qualsiasi ragione ti dimentichi di presentarti con un contatto, potrai sempre in seguito enfatizzare le tue parole con un tocco. Scherzosamente, potete dare una finta spinta dopo che si è fatta una battuta. Se siete seduti, puoi toccare brevemente il ginocchio del tuo interlocutore. Puoi anche toccare gli avambracci per catturare l'attenzione in modo molto efficace. Potete battere il cinque per reagire a una storia o battuta divertente. In ogni caso, ricordati che un tocco troppo lungo risulta sempre fastidioso.

Il rispetto

Se pensi alle persone nella tua vita, ci sono probabilmente diverse ragioni per cui ne rispetti alcune più di altre. Primo, potresti rispettare qualcuno che semplicemente ha un livello più alto del tuo, se ti trovi in una posizione gerarchica bassa. Per esempio, all'interno di un'azienda il presidente o il manager ti fa immediatamente sentire in modo diverso rispetto agli altri colleghi che si trovano al tuo pari livello. Oppure, se vedi qualcuno che sta vincendo, raggiunge obiettivi importanti, continua a fare qualcosa ad un alto livello, sarai portato a rispettare questa persona, che si tratti di sport o politica.

Il rispetto, nonostante sia particolarmente importante, è qualcosa che sfortunatamente le persone sfruttano in modo troppo ovvio. Spesso viene presentato troppo presto: per esempio, la persona che comincia subito a parlarti delle sue credenziali o ti dà subito il suo biglietto da visita per farti capire che si tratta di una persona intelligente, superiore in qualche modo.

A volte il rispetto può anche arrivare da cose davvero banali. L'ho visto succedere spesso con gli uomini: ad esempio, quando parlano di sport e c'è qualcuno di loro che conosce le statistiche di ogni singolo giocatore, discute degli scambi fra le squadre, ha semplicemente una grande conoscenza in materia e riesce a far valere la propria idea sulle altre persone. Questa persona in quel contesto sta generando rispetto, ha un certo potere e ovviamente se ne sono accorti tutti.

Quando cammini per strada e vedi un ragazzo o una ragazza vestiti di tutto punto, con un aspetto elegante e molto curato, il tuo istinto sarà quello di portare rispetto.

Queste sono situazioni reali, ma a cui non puoi affidarti completamente: dipendono infatti dal contesto esterno e non hanno niente a che fare con le tue caratteristiche interne, come *persona*. Potresti non essere sempre vestito perfettamente, e non ti troverai sempre in cima ad ogni gerarchia di cui farai parte nella tua vita. Anche se sei l'amministratore delegato dell'azienda, se vorrai entrare in un team sportivo sarai l'ultima ruota del carro. Quindi qual è il tipo di rispetto che potrai portare sempre con te, in qualsiasi luogo e tempo? Questo è il tipo di rispetto che viene dal tuo portamento nelle conversazioni.

Dovrai essere chiaramente te stesso, dovrai dimostrare i tuoi valori alle altre persone. Per illustrare questo punto c'è stato un momento nella mia vita in cui ho fatto davvero fatica a generare rispetto, ed è stato quando facevo il consulente. Interagivo bene con le persone, ero simpatico, si fidavano di me, ma quando mi chiedevano cosa facessi non credevano in pieno a quello che dicevo. Ottenevo la fiducia di queste persone ma non ero mai qualcuno che fosse unico o che avesse un valore speciale da condividere. Quello che cambiò nella mia vita furono due cose che mi permisero di conquistare il rispetto da parte di ogni persona con cui conversavo. La prima cosa è che, mentre ero un consulente, feci un esperimento per vedere la reazione delle persone con cui interagivo. Decisi di lasciare da parte la mia attività lavorativa, e parlare invece di ciò che mi appassionava di più.

Quando le persone mi ponevano la fatidica domanda *"cosa fai?"*, io rispondevo:

"Cosa intendi: durante la giornata o qualcosa a cui tengo davvero e che mi appassiona, a cui lavoro alla sera?"

E ovviamente la loro scelta ricadeva sulla seconda opzione, oppure su entrambe le cose. Di giorno facevo il consulente, ma quando tornavo a casa in realtà davo lezioni private di Karate. Mentre lo raccontavo, c'era immediatamente un interesse diverso perché la mia passione intrigava il mio interlocutore, ed ovviamente seguivano delle domande. In quei momenti riuscivo a percepire una maggiore quantità di rispetto e ne era la prova il fatto che continuassero a farmi domande, che fossero davvero interessati a quello che stavo dicendo.

Il segreto consiste nell'avere chiaro nella tua testa a che cosa dai valore. Si tratta di *definire chi sei*. Non si tratta solo del tuo lavoro, dei vestiti che indossi, delle posizioni che ricopri in azienda. Si tratta delle cose che per te sono talmente importanti che influenzano il modo in cui vivi.

Se dici di essere creativo ma in realtà hai un lavoro noioso, non sarai in grado di generare la stessa quantità di rispetto. Ovviamente non si può cambiare vita completamente di colpo, ma dovrai anche riflettere su come poter cambiare le tue azioni e comportamenti affinché corrispondano ai tuoi valori. Non lo facciamo solo per le altre persone: vivere seguendo i nostri valori più profondi ci porta a un livello di autostima superiore.

Questo è il grande cambiamento di mentalità che ti consentirà di stabilire una solida fiducia all'interno delle interazioni molto velocemente.

L'effetto specchio

Ti è mai capitato di incontrare un venditore che ti ha travolto di parole che decantavano le potenzialità del suo prodotto e che non ti ha posto neppure una domanda se non quella decisiva alla fine della sua pappardella? Oppure di andare da un medico che non ti ha neppure lasciato finire di descrivere i tuoi sintomi e si è messo a compilare una ricetta? Oppure ti capita a volte di vedere in televisione delle interviste a politici che fanno lunghi discorsi che non hanno alcuna attinenza con quanto è stato chiesto dal giornalista e ricordano un po' la famosa "supercazzola" di Ugo Tognazzi nel mitico film *Amici Miei*?

Magari tutti e tre questi soggetti si esprimono in modo corretto dal punto di vista lessicale e grammaticale, ma non si può proprio dire che sappiano comunicare in modo efficace. Sì, perché ciò che li accomuna è l'incapacità di ascolto.

E, contrariamente a quanto si pensa, l'*efficacia della nostra comunicazione dipende più dalla nostra capacità di ascoltare che da quella di parlare*.

Pensaci bene, la maggior parte degli incidenti comunicativi, dei conflitti tra le persone dipendono proprio dall'incapacità di ascoltare. Nel contesto professionale molti errori dipendono dal fatto che le persone non ascoltano, oppure non lo fanno nel modo giusto.

Dopo aver creato un'atmosfera leggera e divertente, costruito una solida base di fiducia e generato un senso di rispetto reciproco, è arrivato il momento di fare un complimento genuino al tuo interlocutore. Ascoltalo attentamente per intercettare i suoi desideri, le sue paure, i suoi valori più importanti e, una volta accumulate un po' di informazioni sul suo carattere, fai un complimento semplice ma pur sempre autentico per concludere la tua fantastica prima impressione su di lui.

Sconfiggere l'ansia sociale una volta per tutte

Migliaia di persone soffrono di disturbi relativi all'ansia sociale e ancor più ne hanno sofferto in qualche momento della loro vita. Si tratta di un disturbo invalidante per la nostra vita quotidiana: l'ansia di incontrare persone, trovarsi in una situazione particolare in mezzo agli altri, la paura di entrare in un negozio, percepire di essere giudicati, il disagio nel sentirsi al centro dell'attenzione, il timore di sudare, arrossire o tremare davanti agli altri, la paura di parlare o mangiare in pubblico sono i tipici segni di chi presenta questo problema, che è in continua crescita. Si finisce così a non poter affrontare nessuna situazione sociale con una netta riduzione del funzionamento e della soddisfazione personale a causa dei sintomi di questo disturbo.

Spesso l'ansia sociale, anche detta fobia sociale, viene confusa con la semplice timidezza.
La timidezza è un normale tratto di carattere, che seppur portando difficoltà non impedisce il raggiungimento dei propri obiettivi nella vita; l'ansia sociale estrema, invece, mina aree di funzionamento

importanti, rendendo ancora più difficile, se non impossibile, l'esperienza quotidiana.

Esistono delle vere soluzioni che consentono di vincere questa brutta sensazione bloccante. Prima di tutto, cerchiamo di comprenderla. Partiamo col capire cosa non è l'ansia sociale: non si tratta di una malattia né di una patologia, ma di un'emozione, più precisamente uno stato emozionale. È un misto di ansia, paura e senso di vergogna. In mezzo ad altre persone, si ha la sensazione di essere giudicati, di non essere adeguati, di non essere all'altezza. Oppure, di non essere capiti e vergognarsi di quello che stiamo facendo o dicendo. Attenzione, però: è uno stato emozionale doloroso e bloccante. Infatti, chi prova spesso una forte ansia sociale, tende a fuggire da tutte le situazioni in cui vi è un giudizio o un confronto (sfide, esami, discussioni, ecc.).

Nella nostra vita dobbiamo confrontarci con gli altri. Se vogliamo creare dei rapporti speciali bisogna confrontarsi, quindi bisogna eliminare questo stato bloccante. Inoltre, spesso, si innesca un circolo vizioso: provo ansia sociale, fuggo dalla situazione, questa fuga dà una spallata alla mia autostima, mi fa sentire meno sicuro di me stesso, quindi sono ancora più sensibile ai giudizi o alle critiche altrui e ciò comporta un aumento della mia ansia. L'aumentare dell'ansia mi fa fuggire di più, aumenta la mia insicurezza, e così via. Occorre quindi risolvere questo problema alla fonte.

Prima di passare alle soluzioni che funzionano davvero, ecco una lista di tutti i sintomi e situazioni temute. Tra i **sintomi** troviamo:
- Ansia generalizzata di fronte a gruppi di persone, specie se queste sono tra di loro in confidenza e la persona che ha ansia sociale è in uno stato di ipervigilanza, in quanto teme il giudizio degli altri.
- Ansia anticipatoria, si verifica durante tutto il periodo che precede la situazione temuta (anche a distanza di settimane o mesi)
- Cali di concentrazione.
- Il distogliere dello sguardo se fissati direttamente.
- Tic nervosi.
- Insorgenza di balbuzie, che, in presenza di altre persone, alimenta ulteriormente lo stato d'ansia e di imbarazzo
- Timore di parlare troppo forte o troppo piano, oppure di non essere capiti.
- Pensieri aggressivi, masochisti o suicidi; attacchi di panico.
- Timore di essere osservati e valutati negativamente o fare brutta figura con gli altri.

- Sensazione generale di inferiorità o di scarsissima fiducia in sé stessi.
- Timori che le proprie opinioni possano non interessare gli altri e che la propria compagnia non sia gradita.
- Timore di non essere in grado di comportarsi in modo adeguato nelle situazioni sociali.
- Spossatezza fisica dovuta a continuo stress e preoccupazione.
- Sentirsi più a proprio agio nei rapporti virtuali, quindi prediligere contatti social.

Ecco le **situazioni temute**:
- Parlare in pubblico o al telefono.
- Essere al centro dell'attenzione.
- Mangiare o bere in presenza di altre persone.
- Partecipare ad eventi in gruppo.
- Fare acquisti nei negozi o locali di consumo.
- Guardare negli occhi le persone.
- Iniziare una conversazione o inserirsi in una già avviata.
- Essere presentati ad altre persone; fare nuove amicizie.
- Dare o difendere le proprie opinioni.
- Incontrarsi con persone da cui si è attratti.
- Fare o ricevere complimenti.
- Situazioni dove è richiesta qualsiasi "performance" (anche l'attività sessuale).

Insomma, le persone che provano ansia sociale o fobia sociale, tendono a fuggire da ogni situazione dove possono essere giudicate.

Mentre hai letto questi sintomi, probabilmente hai pensato che molti di questi li hai provati sulla tua pelle. Non vuol dire però di soffrire di ansia sociale, bensì di essere un essere umano che prova emozioni. Tra queste emozioni che provi, che hai provato e che proverai anche in futuro, c'è l'ansia. L'ansia è un'emozione ma l'importante è non rimanerci dentro e non farla crescere, nutrirla a tal punto da farla diventare importante e bloccante. Questo è quello che bisogna evitare di fare.

Ora ti racconto una curiosità: nel 1997 la Roche, una casa farmaceutica molto importante, mise sul mercato un farmaco e lo pubblicizzò, attraverso alcuni luminari, come l'unico rimedio all'ansia sociale. Iniziarono anche a creare contenuti, dimostrazioni ecc. Peccato però che fosse un medicinale, ed i medicinali non possono guarire una non-malattia e soprattutto non possono guarire uno stato emozionale. Ne furono venduti milioni, finché non sono stati ritirati dal mercato perché avevano forti controindicazioni e non risolvevano l'ansia sociale. L'unico modo efficace per risolvere l'ansia sociale è fare un percorso di crescita. Andare alla causa, risolverla e dopo iniziare a crescere, aumentare le proprie abilità e gestire le proprie emozioni in maniera ottimale.

Nel caso dell'ansia sociale, la soluzione deve passare attraverso alcuni step molto importanti.

1) Innanzitutto, bisogna lavorare sulla propria autostima. Migliorare la sicurezza in noi stessi... e per farlo bisogna affrontare piccole sfide, vincerle e gratificarsi. Questo difficilmente si riesce a fare da soli, per cui è fondamentale essere seguiti (da un allenatore, un mental coach, ecc.).

2) Imparare una strategia denominata interruzione di modulo. Quando provi una forte ansia o una emozione dalla quale si vuole uscire, è importante imparare questa tecnica per uscire velocemente da quello stato, e poi bisogna essere bravi ad entrare in un altro.

3) Lavorare sulle abilità della comunicazione. È fondamentale imparare a comunicare meglio attraverso per esempio dei corsi di public speaking. Imparare a parlare in pubblico, imparare a comunicare, è uno strumento straordinario per superare i propri timori e le proprie paure. Il mio consiglio è quello di iscriversi al

gruppo "Toastmasters" della tua città, o nella sede a te più comoda (basta fare una ricerca su Google!).

4) L'ultimo step è quello di imparare a lavorare sul ciclo del giudizio per diventare impermeabili al giudizio altrui.

Rompere il ghiaccio: come avviare una conversazione con chiunque

"Tutto il problema della vita è questo: come rompere la propria solitudine, come comunicare con gli altri." - Cesare Pavese

Sembra un paradosso: proprio nell'era in cui ci sono sempre più strumenti di comunicazione le persone sembrano fare ancor più fatica a comunicare. E ciò vale in ogni contesto, da quello privato a quello professionale.

Rompere il ghiaccio, attaccare bottone, non è sempre facile. Come puoi iniziare una conversazione? Come puoi riuscire a spezzare quell'imbarazzante momento di silenzio che rischia di concretizzarsi appena dopo una stretta di mano e i saluti formali? Come evitare che l'imbarazzo prenda definitivamente il sopravvento in una situazione che dovrebbe essere invece colloquiale?

Se è vero che la prima impressione conta moltissimo, partendo dagli aspetti estetici e appunto formali, il secondo passo è saper rompere il ghiaccio e aprire così l'autostrada della comunicazione, verbale e non verbale.

Come sempre la comunicazione non può essere lasciata al caso. Nel corso della tua vita avrai sicuramente notato decine di persone che con la propria capacità di rompere il ghiaccio hanno fatto la differenza. Parliamo di casi pubblici, strabilianti personaggi carismatici, per esempio attori o politici che sanno in pochi secondi accendere l'empatia. Ma senza volare troppo, chi non ha mai avuto un amico o un'amica particolarmente brillante a cominciare una conversazione con dei perfetti sconosciuti?

Attenzione, dietro questi casi di carisma molto spesso si nascondono veri e propri allenamenti, veri e propri studi su come approcciarsi, cosa dire e perché, soprattutto quando entriamo nell'ambito professionale.

Imparare a chiacchierare con tutti

Vediamo insieme quattro modi che potrai usare per chiacchierare con chiunque e per rendere l'atto della conversazione più semplice e divertente, così da farti apprezzare immediatamente.

Ma prima... Qual è lo scopo delle chiacchiere? Perché lo facciamo?
Penso che questa sia la cosa più importante di cui parlare prima di affrontare l'argomento.

E la risposta è molto complicata, ma secondo la mia opinione si riduce tutto a una manciata di cose, come: vuoi imparare qualcosa di nuovo su qualcuno, vuoi vedere se riuscite a connettervi, se c'è una relazione che valga la pena di continuare, se andate d'accordo. Vuoi divertirti e vuoi che anche gli altri si divertano, ed entrambi volete che sia un'esperienza piacevole.

Quindi, detto questo, ecco 4 modi che potrai usare per chiacchierare, in modo da evitare un'atmosfera da intervista noiosa, oppure silenzi imbarazzanti e conversazioni forzate.

La prima cosa da fare è un complimento ed una lettura a freddo.
In realtà questa non è una mia idea, qualcuno lo fece con me in modo molto naturale mentre ero ad una festa e fece molto colpo su di me.
Ero in un gruppo di 4-5 persone, stavamo cercando di conoscerci per la prima volta, e feci un paio di battute e feci ridere gli altri. Questa donna mi chiese se fossi un comico. Disse:
"Mamma mia, sei troppo simpatico! Ma sei un comico?"
Quindi, ecco un complimento e poi una lettura a freddo, il che è semplicemente un'intuizione su qualcosa che riguarda il tuo interlocutore: da dove vengono, cosa fanno, un hobby, qualsiasi cosa.

Inoltre, quella donna mi piacque immediatamente, mi fece sentire così bene riguardo a me stesso che cominciai davvero a parlare di quello che facevo per lavoro. Mi avrebbe potuto chiedere semplicemente "Che lavoro fai?", ma l'impatto non sarebbe mai stato lo stesso.

Quindi potete dire di tutto, tipo: "Wow! Sei davvero estroverso! Scommetto che sei bravo con le vendite, vero?", o "Wow! Hai un grande senso dello stile! Scommetto che sei uno stilista, giusto?".

E se avete ragione, grande! Punti a vostro favore. Rideranno e si chiederanno come lo sapevate.

Ma se avete torto non succede niente. Non c'è nessun talento richiesto, non dovete indovinare per forza, state semplicemente facendo un complimento. Cercate di indovinare e poi loro vi diranno qualsiasi cosa su di loro, cosa fanno e da dove vengono.

Creare un'atmosfera divertente vi libera di quel *"senso di intervista"* tanto fastidioso e le persone apprezzeranno davvero il complimento, il che le renderà più disponibili nell'iniziare una vera e propria conversazione.

Il secondo consiglio è che, per creare una valanga di parole, bisogna fare innanzitutto una buona domanda. Invece di ottenere quella tipica risposta breve e concisa, tramite la quale le persone non sono davvero inserite nella conversazione, l'obiettivo è quello di fare loro una domanda che le farà parlare molto a lungo, come se vomitassero parole per quanto sono contente per la domanda ricevuta.

Ci sono due modi in cui puoi farlo, e se li combinerai tra loro l'effetto sarà ancora maggiore.

Come prima cosa, cerca di evitare domande che richiedono una risposta con una sola parola.

Per esempio, "Da quanto tempo vivi a Milano?" è una domanda abbastanza noiosa per chiacchierare, e viene fatta molto spesso anche a me.

Eh sì, c'è un modo carismatico per rispondere, raccontando tutta la tua storia, ma molte persone non se la cavano benissimo nelle conversazioni, diranno semplicemente: "Oh! Sei mesi", oppure "Cinque anni", qualsiasi sia la risposta.

Invece, se poni loro una domanda che li spingerà a parlare di più, come per esempio "Perché ti sei trasferito a Roma?" o "Cosa fai per divertirti?", ti inserirai meglio nella conversazione. Li farai parlare e ti daranno altri argomenti a cui rispondere a tua volta. Avrete una conversazione molto più naturale, piena di spunti diversi che potrete prendere.

Come seconda cosa, chiedi loro qualcosa a cui vorranno rispondere molto volentieri perché l'argomento è di loro interesse. Un sacco di persone mi chiedono del mio lavoro. Dicono: "Ehi, come va il lavoro?". Secondo me è una domanda terribile perché una persona potrebbe semplicemente risponderti con bene/male/qualsiasi cosa; inoltre, il lavoro potrebbe non piacergli nemmeno. Invece, se riesci a chiedere "Cosa succede di bello a lavoro in questi giorni?", o meglio "Cosa c'è di bello nella tua vita in questi giorni?", o "Cosa fai per divertirti?", ora la persona sarà molto più invogliata a parlare perché a tutti piace parlare di cose che apprezzano. Grazie a queste domande, saranno portati a pensare alle cose che preferiscono, quelle che li rendono felici, e potranno associare queste emozioni positive con te (*e col parlare con te*). Si creerà così un'atmosfera positiva tra voi e ora avrete un'opportunità per connettervi su qualcosa di più profondo.

Il terzo consiglio è quello di creare un gioco di indovinelli.
Ricorda di non abusarne, ma se ti trovi a fare una domanda che sembra noiosa e non sai come gestirla, puoi dire "Da dove vieni?" e poi, immediatamente, trasformarla in un gioco: "Aspetta! Dammi due indizi, vediamo se riesco ad indovinare!". E la persona, probabilmente, apprezzerà il tuo rendere la conversazione più divertente, ti darà degli indizi, dovrà pensare a cosa dire. Che tu indovini o meno, un sorriso è assicurato.

Quando effettivamente scoprirai da dove viene il tuo interlocutore, arrivarci sarà un processo molto più divertente. Si tratta di un trucchetto davvero utile in situazioni sociali, per esempio al bar e in luoghi simili. E, onestamente, ogni volta che ti sembra appropriato, è molto più divertente del fare una serie di domande come le solite "Da dove vieni?", "Cosa fai?" e "Quanti anni hai?", in cui molte chiacchierate vanno a parare, finché non vi trovate a parlare del traffico e del tempo, solo perché non sapete più cosa dire.
Fai pratica e inizia a mescolare tra loro gli indovinelli, le domande aperte per far parlare gli altri, i complimenti e le letture a freddo.

Le parole giuste per iniziare qualsiasi conversazione

Ogni situazione, bella o brutta che sia, può essere risolta mediante la comunicazione. Ma se non riusciamo a iniziare una conversazione con una particolare persona, come si può fare? Tu sai, per esperienza, che iniziare a parlare con un estraneo non è semplice, e ad alcuni pare un problema notevole. L'abbiamo sperimentato tutti. E, a volte, anche parlare con le persone che conosciamo già, con cui siamo in confidenza, è difficile perché abbiamo delle cose da dire ma non sappiamo da che parte incominciare, quindi veramente diventa un problema.

In generale si parla del più e del meno, senza mettersi in gioco per davvero, e questo rende ancora più difficile le conversazioni. Restiamo sul vago, speriamo che sia l'altro che a darci l'appiglio per dire qualche cosa di intelligente, ma giriamo attorno al problema, non riusciamo veramente ad avviare la conversazione. E intanto passa il tempo, ci sentiamo imbarazzati, e quindi diventa ancora più difficile iniziare a parlare.

Quando proviamo ad essere più coinvolgenti, diciamo cose del tipo "Come va?", accennando un sorriso. E l'altro ci risponde "Bene", con un altro sorriso, e tutto finisce lì, siamo lì che ci sorridiamo a vicenda ma in realtà vogliamo dire qualcosa, non sappiamo come fare, siamo imbarazzati perché l'altro ha capito che siamo imbarazzati... insomma, è un pasticcio.

Che cosa si può fare allora per sbloccare la situazione? Si possono usare 5 parole speciali in grado di avviare qualsiasi conversazione. Io dico che sono speciali perché hanno veramente un potere fantastico. Ma, credimi, è una tecnica che puoi sfruttare anche tu, come vedrai tra un attimo.

Queste parole attirano l'attenzione dell'altra persona, spezzano la routine, offrono lo spunto per conversare davvero. Sono parole semplici e puoi usarle con chiunque: amico, estraneo, famigliare, partner, collega...

Per questo dico che sono speciali: perché pur essendo delle parole conosciute, delle parole che sicuramente hai usato migliaia di volte, riescono ad avere un fortissimo impatto per attirare l'attenzione dell'altra persona.

Quali sono quindi queste 5 parole speciali?

- Come
- Cosa
- Quando
- Dove
- Perché

Queste sono le 5 parole speciali che possono avviare qualsiasi conversazione.

Per esempio, formula una domanda che inizi con una di queste 5 parole e avrai lo spunto per una conversazione interessante.

Ad esempio, al ristorante chiedi al cameriere: "Quando c'è posto?" piuttosto che "C'è posto?"

Eviterai una risposta sbrigativa, perché se domandi "C'è posto?" ti risponde "Sì", "No", oppure sbuffa... ma se tu chiedi "Quando c'è posto?" stai già lanciando un'idea, stai già lanciando un prima, un dopo, stai già portando l'attenzione sul fatto che ci sarà un cambiamento, e quindi non può risponderti sì o no, ma la conversazione ha già delle basi differenti semplicemente perché hai aggiunto una di queste parole: come, cosa, quando, dove e perché.

Lo so che mi puoi obiettare che con l'abitudine anche le 5 parole si logorano.
Se chiedi a tuo figlio "Com'è andata la tua giornata?", dopo anni che gli poni la stessa domanda, ti risponderà solo con un "Bene". Anche se lo chiedi al tuo partner o in ufficio ("Come state? Come va?"). Quindi, non è la parolina "come", o "quando", o "cosa" che da sola può fare tutto, ma devi metterci del tuo. In casi simili, combina due delle 5 parole e la conversazione decollerà.
Ad esempio, chiedi (sempre prendendo l'esempio di tuo figlio): "Che cosa ha fatto andare bene la tua giornata?". Quindi, la prima domanda è: "Com'è andata la tua giornata?". Non ti risponde.
Dici: "D'accordo. Che cosa ha fatto andare bene la tua giornata?", o "Che cosa ha fatto andare peggio…", o "Come poteva andare meglio?", o "Dove sei stato per dire questo?".
Sono delle piccole parole che ti permettono di agganciare un livello d'attenzione superiore.

Ti consiglio di scrivere una combinazione di queste 5 parole per creare delle domande che suscitano l'attenzione e che puoi usare in famiglia, al lavoro, a scuola, con estranei.

Scrivi tu la combinazione di queste 5 parole, fai un piccolo esercizio, perché in questo modo riesci a crearti quelle domande che tu senti più vicino a te.

Iniziare una conversazione in qualsiasi luogo

Spesso ci domandiamo come iniziare una conversazione in varie situazioni sociali.

Come inizio una conversazione in un bar? Come inizio una conversazione ad una festa? La verità è: sì, si possono avere dei metodi davvero specifici per parlare con tutti in questi scenari.

Però, se ti focalizzi troppo su quello che dovrai dire, non dirai niente!

Trovo molto più facile avere 3 cose che possono portarti in qualsiasi conversazione. Diventa come un riflesso naturale e inizierai a parlare un po' con chiunque, e potresti incontrare persone davvero interessanti. Quindi, ecco su cosa devi riflettere.

La prima è una specie di forma mentis, e io la chiamo "Google umano".

La chiamo così perché Google è il posto in cui andiamo a fare domande al giorno d'oggi: se vuoi sapere come andare da A a B vai su Google, se vuoi sapere qual è un buon ristorante in quella zona probabilmente vai su Tripadvisor però prima fai una ricerca su Google.
Il punto è che usiamo tanto la tecnologia, e ormai quest'ultima sta rimuovendo tutte le domande che di solito vengono fatte alle persone che ci circondano, specialmente persone che non conosciamo. Ed è solo cambiando questo modo di pensare che puoi veramente cambiare la partita.

Un altro esempio. Se sento persone parlare con un accento diverso o una lingua che magari riconosco, gli chiedo da dove vengono, se sono visitatori o turisti.
Ora penserai: "Ok, queste sono domande abbastanza stupide però". E questo è semplicemente il punto. La cosa fondamentale non è molto cosa dici all'inizio ma, se vuoi avere una conversazione, l'importante è ciò che viene dopo.

Cerca di indirizzare la conversazione verso la domanda "Come ti senti?" in tutte le sue forme.
Il momento preciso in cui la conversazione prende piede è quando si inizia a parlare, in modo esplicito o implicito, di emozioni. Come si sente il tuo interlocutore? Quando poni una domanda riguardante i sentimenti, quello è il

momento in cui il ping-pong inizia ad andare avanti ed indietro.

Dopo averla iniziata col piede giusto, ora parliamo di come tenere la conversazione fluente ed interessante. Se Google è il luogo dove vai a fare domande, Twitter è dove ci si reca per fare dichiarazioni.

Fermati un secondo a pensare: "Quali sono i pensieri veri e genuini che mi stanno girando per la testa?". C'è sempre qualcosa. E mentre potrebbero essere sciocchi e stupidi, spero di essere stato chiaro che non importa cosa dici per primo: le persone non aspettano altro che entrare in conversazione, che tu dica queste cose o meno.
Quindi, quando dici qualcosa come "Mamma mia, fa così caldo qui fuori, sto sudando come un maiale!", è molto probabile che le persone vicino a te dicano: "Fa caldissimo, vero?".
E ora può iniziare la conversazione, poi ti muovi verso "Non è da pazzi? È così soffocante! Non so nemmeno se posso continuare a vivere in questa zona o magari trasferirmi da qualche altra parte". Quando inizi ad includere i sentimenti in ciò che esprimi, lì inizi ad avere una vera conversazione.

Detto questo, c'è un'altra cosa, ed è più una frase fatta e lavora veramente bene in situazioni sociali più ristrette, come ad un bar, in azienda, all'università, con un gruppo di amici, o se sei ad una festa con qualcuno, qualsiasi cosa dove queste persone hanno una specie di ragione per parlare l'un l'altro.

Si aspettano che tu sia sociale, e ciò significa andare da qualcuno e dire: "Ehi, non penso ci siamo ancora presentati. Sono…", e allungare una mano per una stretta di mano.

Per quanto semplice, questo funziona davvero perché comunica a livello subconscio molte cose positive. Per primo, indica che le persone dovrebbero integrarsi: "Penso non ci siamo ancora conosciuti". Secondo: comunica che sei una persona molto sociale, dato che stai iniziando la conversazione. Ti seguiranno: allunga la tua mano per dare una stretta e loro faranno lo stesso.

Immergiti ora nei sentimenti: "Ti piace qui?", "Cosa ti ha portato qui?", "Ti stai divertendo?"

Questo farà partire la conversazione, quindi non ha senso renderlo più complicato.

Se riesci ad attivare qualsiasi di questi sentimenti ce l'hai fatta, non devi più preoccuparti di come iniziare la conversazione.

Le 4 personalità

«Chi sa carezzare le persone, con piccolo capitale fa grosso guadagno». (Giovanni Della Casa)

Diversi studi hanno confermato che le persone che utilizzano prevalentemente l'emisfero destro del cervello rielaborano i dati e le informazioni dall'ambiente in modo diverso da coloro che utilizzano prevalentemente l'emisfero sinistro. Ma non solo: possiamo scendere ancora più nei dettagli e individuare anche quattro tipologie di personalità che si rifanno alla Teoria del Cervello Trino.

La Teoria del Cervello Trino è un modello della struttura dell'evoluzione del cervello umano presentato dal dottor Paul MacLean, medico statunitense specializzato nelle neuroscienze. MacLean spiega che alla luce dell'evoluzione, tutti gli esseri umani possiedono tre cervelli: il cervello rettile, il sistema limbico e la corteccia cerebrale. Il cervello rettile è il più antico e primitivo e contiene le informazioni ancestrali della nostra specie. Si occupa dei bisogni e degli istinti innati dell'uomo. Più nello specifico, alcune delle funzioni alle quali è adibito il cervello rettile sono quella sessuale, territoriale, gerarchica, temporale, sequenziale, spaziale e semiotica.

Il sistema limbico (o cervello paleomammaliano) è il secondo strato del nostro cervello. Esso avvolge il cervello rettile e svolge le funzioni meccaniche dell'organismo: digestione, respirazione, sonno-veglia, battito cardiaco... È il responsabile del sistema nervoso ed è anche il centro dell'emozione. Infatti è adibito all'intelligenza emotiva e ad alcuni processi di organizzazione sociale: cura della prole, richiamo materno, innamoramento, processo ludico.

La corteccia cerebrale (o cervello neomammaliano) è il terzo strato del nostro cervello ed è la sede degli operatori specifici che caratterizzano l'essere umano: olistico, riduttivo, generalizzatore, causale, binario, emotivo. È grazie allo sviluppo di questo terzo cervello che ci siamo evoluti in *Homo sapiens*. Integrando la teoria del cervello trino con la teoria dei doppi emisferi otteniamo un cervello composto da due strati, limbico e corticale (tralasciando il cervello rettile, che è quello più "animale"), e due lati, emisfero destro ed emisfero sinistro.

Possiamo quindi ricavare quattro diverse aree: limbica destra, limbica sinistra, corticale destra e corticale sinistra. Durante qualsiasi processo relazionale ciascuno di noi attiva una delle quattro aree più delle altre. Essa diventerà la sua area dominante e condizionerà non solo la sua modalità percettiva di relazionarsi al mondo ma anche il suo carattere. Per facilità, gli studiosi hanno attribuito a ciascuna area del cervello un colore diverso, che richiami in qualche modo anche le caratteristiche della personalità specifica e della modalità percettiva attuata. I quattro colori collegati alle quattro aree del cervello sono:

- azzurro: area corticale sinistra;
- giallo: area corticale destra;
- verde: area limbica sinistra;
- rosso: area limbica destra.

I ricercatori Georgi Lozanov e Ned Herrmann applicarono la teoria del cervello quadripartito ad alcuni loro studi applicati a diversi ambiti. Lozanov studiò i comportamenti delle persone azzurre, gialle, verdi e rosse nell'ambito dell'educazione. Come riuscivano a imparare nuove informazioni, competenze o abilità le persone azzurre? E le persone gialle? Herrmann, invece, sviluppò la stessa tipologia di studio applicandola all'ambito manageriale e professionale. Studiò e individuò quattro diverse tipologie di leadership aziendale a seconda del colore dominante nelle persone. Oggi capire il colore della persona che abbiamo di fronte ci può aiutare a relazionarci con lei nel migliore dei modi. Possiamo capire meglio il suo modo di interpretare il mondo, le sue esigenze, le sue priorità.

Di conseguenza, possiamo comunicare nel modo migliore per lei e soddisfare quello che le sta più a cuore. Lo psicologo e neurolinguista Eric de la Parra Paz suggerisce a tutti i venditori di fare molta attenzione alle preferenze cerebrali dei loro clienti: «*Scoprite la preferenza mentale del cliente e portate avanti la vendita nel suo stile. Un cliente non compra prodotti o servizi ma vantaggi e benefici, che saranno ovviamente influenzati dal suo colore di predominanza o preferenza cerebrale*». Anche noi, quindi, possiamo applicare questo modello per diventare comunicatori migliori. Vediamo quindi di capire le caratteristiche peculiari di ogni personalità-colore e il modo più giusto di relazionarci con essa.

Personalità azzurra

L'azzurro è un colore freddo e di conseguenza una personalità azzurra è molto seria e formale. Sorride raramente, è abbastanza introversa ed è difficile che esprima pensieri e sentimenti. La persona azzurra è analitica, razionale e realistica. Ama i numeri e la matematica. Valuta ogni scelta in base al rapporto costi-benefici. In generale, la persona azzurra ha un'intelligenza uditiva. La sua abilità principale è la soluzione di problemi, l'analisi, le statistiche e la finanza. Le professioni che le si addicono sono quelle di scienziato, ingegnere, fisico, perito, economista e tutte quelle che hanno a che fare con i numeri. Per lei, ciò che conta sono i fatti. Un esempio cinematografico estremo di personalità azzurra? Il Gordon Gekko del film *Wall Street*. Una delle sue battute più celebri e significative è: «Il mio primo affare immobiliare: venduto due anni dopo, ci guadagnai 800.000 dollari netti. Molto meglio del sesso». Come relazionarsi a una personalità azzurra? Ecco alcuni consigli pratici:

- Evita un entusiasmo troppo amichevole e relazionati a lei in modo rispettoso e distaccato. Se non è un tuo conoscente o un tuo parente e se la incontri per motivi di business, instaura con lei un rapporto strettamente professionale.
- Sii concreto nel proporle la tua idea, il tuo pensiero, la tua offerta, la tua posizione o la tua richiesta: fallo in modo ordinato, presentandole dati oggettivi e facendo un'analisi dettagliata dei costi-benefici di ogni scelta possibile.
- Sii attento alle sue domande e quando le rispondi dalle subito l'informazione richiesta, senza preamboli o giri di parole.
- Dedicale del tempo per analizzare insieme le sue richieste.
- Se devi convincerla a compiere una spesa, sappi che sarà attratta dal prezzo scontato.
- Se devi chiederle di fare un investimento, riuscirai a convincerla solo se saprai comunicarle

efficacemente il ritorno economico, la redditività futura dell'operazione.
- Ragiona con lei in termini di guadagni-vantaggi, costi-benefici.
- Se la tua relazione con una personalità azzurra è per finalità esclusivamente lavorative, ricordati che ama fare "affari" e le farai un grande piacere proponendole un ammortamento sul prezzo (per esempio, potresti proporle un pagamento dilazionato, rateizzato).

In generale, il guadagno è il suo principale rendiconto quando deve fare una scelta. Sottolinea quindi ogni guadagno concreto che lei potrà ricevere accondiscendendo alle tue richieste.

Personalità gialla

Il giallo è il colore dell'energia e della vitalità. Di conseguenza una personalità gialla è caratterizzata da una spiccata creatività e senso artistico. È una persona entusiasta della vita e innovatrice. Ama attirare l'attenzione su di sé. Caratterialmente, è impetuosa, sperimentale, immaginativa, ribelle. Ama il rischio e a volte infrange le regole. Valuta ogni scelta in base all'elemento di novità. In generale, la persona gialla ha un'intelligenza visiva. La sua abilità principale sta nel sapere sempre creare cose nuove, ribaltare le regole, innovare, integrare, produrre cambiamenti. Le professioni che le si addicono sono quelle di artista, pubblicitario, esperto di marketing, disegnatore e stilista. Per lei, ciò che conta è l'immaginazione. Un esempio reale della personalità gialla è Steve Jobs che nel suo «*Think different*» ha sintetizzato il motto della personalità gialla. Come relazionarsi a una personalità del genere?

- Dimostra un vivo interesse per i suoi problemi e per le sue esigenze: la personalità gialla ama stare al centro dell'attenzione.
- Ascoltala attentamente e se ti chiede un consiglio daglielo, ma senza fare troppe pressioni. Alla fine lei vorrà decidere con la sua testa.
- Evita di farle perdere tempo.
- Mantieni sempre un atteggiamento formale.
- Stupisci la persona con qualche sorpresa o novità che non si aspetta.
- Evita di fornirle spiegazioni inutili.
- Offrile varie opzioni favorevoli e lascia che sia lei a decidere quella che preferisce, liberando la sua creatività. La personalità gialla ama creare e se devi condurla a fare una scelta è bene che lei abbia la sensazione di averla trovata da sé.

- Rafforza le tue diverse proposte spiegandole nei dettagli ogni vantaggio. Può essere utile presentarle una proposta per iscritto.
- Se lei esige qualcosa da te in cambio, sii rapido nel realizzare la sua richiesta: la personalità gialla adora la puntualità

Personalità verde

Il verde è il colore che più di ogni altro rappresenta la natura e ci aiuta a ricordare che una personalità verde è caratterizzata dal condurre una vita ordinata, strutturata e disciplinata, quasi dovesse sempre rifarsi alle "leggi" della Natura. La persona verde è metodica e conservatrice. Ama la precisione e in alcuni casi rasenta il perfezionismo. Decide valutando ogni scelta nei minimi particolari. In generale, la persona verde ha un'intelligenza visiva. La sua abilità principale è la pianificazione operativa. Segue una determinata "tattica", studiata a tavolino, ed eccelle nei compiti di tipo amministrativo e di controllo qualità. Può svolgere la professione di dentista, ragioniere, militare, biologo. Per lei, ciò che conta sono l'ordine e la forma. Una macchietta del cinema che rappresenta gli eccessi della personalità verde è Furio, il personaggio sicuramente più pignolo e pedante messo in scena da Verdone nel suo storico film Bianco, Rosso e Verdone. Certo Furio è un caso estremo, di solito le personalità verdi sono più simpatiche e accomodanti. Come relazionarsi a una personalità verde? Ecco alcuni consigli pratici:

- Accertati che la tua presenza fisica sia impeccabile: vestiti scegliendo bene gli accostamenti di colore.
- Crea un clima di rispettosa cordialità.
- Crea un rapporto di amicizia e di lealtà: la personalità verde ha bisogno di fidarsi di te.
- Sii paziente.
- Dimostrale che hai a cuore i suoi interessi.
- Sii formale e ordinato nell'esposizione delle tue idee o della tua proposta.
- Imposta la prima parte della vostra negoziazione su un'attenta analisi delle esigenze della persona verde.
- Falle capire che dalla vostra negoziazione ci sarà un profitto comune.
- Essendo la personalità verde molto cauta e prudente, accertati di soddisfare il suo bisogno di sicurezza: evita di chiederle di intraprendere un'attività con un elevato rischio di imprevisti. Se gli proponi un piano operativo, deve essere studiato e pianificato con rigore, in modo da limitare il fattore imprevedibilità.

- Conduci tu la trattativa, purché lo fai in modo ordinato. La personalità verde non ama avere il controllo della situazione, ma se si fida si lascia condurre.

Personalità rossa

Il rosso è il colore del cuore e della passionalità e di conseguenza una personalità rossa è molto attiva a livello emotivo e sensoriale. Ama le relazioni e stare in compagnia ed è abile a coltivare nel tempo i rapporti interpersonali. È generalmente una persona molto leale. Ha il dono della parola e possiede ottime capacità di scrittura. Le piace scherzare, fare battute e cimentarsi in giochi di parole. Valuta ogni scelta in base ai sentimenti. In generale, la persona rossa ha un'intelligenza cinestesica. La sua abilità principale risiede nella capacità di esprimere facilmente idee e concetti e relazionarsi con gli altri. Le professioni che le si addicono sono quelle legate all'insegnamento e alla comunicazione: giornalista, insegnante, formatore. Tende spesso a lavorare in gruppo. Per lei, ciò che conta è l'umanità nei rapporti. Un esempio cinematografico della personalità rossa? Il mitico Will Smith nei panni di Chris Gardner, protagonista del film *La ricerca della felicità*. In una delle scene più belle del lungometraggio Chris si presenta a fare un colloquio vestito in abiti da lavoro sporco di vernice. È appena uscito di prigione dove è finito per non aver pagato delle bollette. Dopo un breve scambio, il potenziale datore di lavoro domanda: «Mi dica, che cosa penserebbe se le dicessero che un signore presentatosi a un colloquio di lavoro senza nemmeno indossare una camicia è stato assunto?». A quel punto Chris risponde: «Beh... penserei che... aveva addosso un gran bel paio di pantaloni!». Come relazionarsi a una personalità rossa?

- Cerca subito i vostri punti di contatto: avete qualche passione in comune? Evidenziala, discutetene insieme e condividi con lui le emozioni e le sensazioni che provate quando svolgete quella determinata attività.
- Non cercare di assumere il controllo della situazione.
- Evita anche di dirgli cosa faresti al suo posto. La personalità rossa potrebbe essere permalosa o sentirsi "colpita" nei sentimenti.
- Chiedile di condividere con te la sua visione del futuro.
- Se devi venderle un prodotto materiale, mostraglielo concretamente: faglielo toccare, annusare, ascoltare...
- Se devi convincerlo a intraprendere una certa azione, cerca di fargli fare una prima esperienza concreta di quello che vuoi che lui faccia.
- Utilizza l'ironia e l'ilarità. Spiegati con metafore.

- Non perderti nei dettagli se devi spiegarle qualcosa. Piuttosto, illustra i vantaggi ottenuti da altre persone che hanno già fatto ciò che tu stai le chiedendo di fare.
- Lascia che l'esposizione delle tue richieste sia dominata da un forte spirito d'immaginazione.
- Proponile un'offerta o un ruolo in cui la personalità rossa si senta parte di un gruppo, di un team.
- Metti la tua proposta per iscritto.

Tutti noi siamo un po' azzurri, gialli, verdi e rossi. Non esiste una persona che possa dirsi "totalmente azzurra" o "totalmente verde", ecc. Solo nel teatro e nel cinema troviamo personalità nette, ma nella vita, per fortuna, i contorni della personalità sono quasi sempre sfumati. Saper riconoscere lo stile di personalità del nostro interlocutore e cercare di tirare fuori la nostra parte più vicina al suo modo di sentire e vedere il mondo ci permette di costruire un ponte e di fare un passo nella sua direzione. Non possiamo continuare a "sbracciarci" aspettando che si decida a fare un passo nella nostra direzione.

Addio timidezza: come essere più sicuri di sé

È possibile eliminare la timidezza? Ma soprattutto, è possibile farlo nel giro di qualche minuto? Questi trucchi potranno tornarti utili se ti sei mai sentito isolato in alcune situazioni e poi, tutto ad un tratto, ti sei trovato intrappolato nella tua testa. Forse hai abbandonato la conversazione, magari mentre qualcuno che conosci ci stava entrando. Di colpo, le cose che dovevi dire non sembrano più così sveglie, o intelligenti, o divertenti e non sai più dove mettere le tue mani.
Quindi, voglio aiutarti a liberarti di questa sensazione bloccante una volta per tutte, così da non perdere delle opportunità per connetterti con le persone attorno a te.

Questo è il primo passo da seguire: quando quel momento di timidezza arriva e non sai cosa fare con le tue mani e ti sentite come se non hai nulla di importante da dire, devi accorgertene e smettere di fare qualsiasi cosa e semplicemente esistere. Lasciati trasportare.
Quando mi accorgo che mi sta succedendo...a volte succede quando sono fuori in un bar, in un locale, e mi sono allontanato dai miei amici e mi sono ritrovato da

solo, e mi sento come se non volessi più tornare a parlare con nessuno.
In quel momento hai due opzioni: o ti costringi a parlare e ad aprirti con gli altri in modo forzoso, oppure ti lasci trasportare, consapevole che non ti senti di parlare proprio ora.
È davvero un modo fantastico per riavviarti completamente.

Lascia letteralmente cadere le braccia ai tuoi fianchi, non sorridere, non cercare in nessun modo di avere un contatto visivo. Potresti vagare per un po' e fare il meno possibile.
E questo non fa altro che liberarti, perché la timidezza è ciò che senti quando pensu che le cose che devi dire non siano abbastanza, o non siano abbastanza buone per avere una conversazione con gli altri. Essere noiosi è lo scenario peggiore, vero?
Nulla è peggio di tutto ciò nel momento in cui siamo in un bar o in un locale.
Quello che fa questo comportamento è eliminare il bisogno di fare qualsiasi cosa e per me sono abbastanza dai 20 ai 30 secondi prima di sentirmi rinascere. E di colpo mi sento come se volessi davvero fare qualcosa, perché ora sto annoiando me stesso.

Capisci di esserti riavviato davvero quando senti quel cambiamento che va da "Ce la devo fare" a *Voglio farlo ora*".

Un avvertimento: questo non significa tirar fuori il telefono e messaggiare per 30 secondi; questo è l'esatto opposto, questo è cercare di sembrare occupati.
Non significa neanche andare al bancone e stare lì appoggiato per essere fighi.
In realtà devi abbandonare i giudizi di tutti gli altri. Se penseranno che sei noioso, va benissimo, ma non devi cercare di impressionare nessuno in nessun modo.
Semplicemente rilassati. Respira profondamente. 30 secondi dopo sentirai un'importante differenza, ed è in questo momento che arriva il secondo passo.

Il secondo passo consiste nel voler cominciare con il piede giusto. E il modo migliore per farlo non è necessariamente unirti ad una conversazione, ma nella mia esperienza è rivolgerti al tuo corpo.
Il problema con la timidezza sono le voci nella tua testa che cercano di convincerti che quello che vuoi dire non è mai abbastanza, o che devi stare zitto, oppure che le tue mani sono nel posto sbagliato. Queste voci sono più numerose e rumorose della tua vera voce.
Bisogna uscire dalla prigione della nostra testa, e il corpo è il posto migliore in cui andare.

Io mi concentro su 3 cose: di solito mi preoccupo delle mie braccia, della mia voce (e quando dico "la mia voce" intendo il mio intero apparato vocale, che parte dal diaframma fino all'osso pelvico; più profondamente riesco a respirare, più basso sarà il tono della mia voce e meglio mi sentirò),
e poi per ultimo mi occupo della mia faccia, dei miei occhi, del mio sorriso.
Se sono in un locale, voglio andare in un luogo in cui posso muovermi, e fare tutte queste cose, ed essere il più attivo possibile. Questa è la pista da ballo, per me.
Quindi, vado sulla pista da ballo per 20-30 secondi. Ballo, faccio un po' di rumore, grido con i miei amici, qualsiasi cosa. Questo mi farà sentire meglio, questo mi farà sorridere. 20-30 secondi di questo e sono già di un umore migliore.

Che cosa succede se non mi trovo in un locale? Perché la verità è che ci sentiamo timidi in un sacco di posti. Quindi, se sei in ufficio, sei seduto in una riunione, e pensi: "Mi sento timido"...
Prima di tutto allarga le tue braccia e occupa più spazio possibile. Per esempio, se esporrai il lato inferiore del tuo braccio, questo ti farà sentire un po' più a tuo agio.
Prova a percepire la vibrazione della tua voce, ma se non riesci puoi semplicemente borbottare o fare dei respiri profondi.

E poi, per ultimo, il viso. Se qualcuno sta parlando, puoi guardarlo negli occhi, puoi inviare riscontri positivi con il sorriso, con i tuoi occhi.
Questo genere di cose ti riporterà in una condizione in cui vuoi stare.

Nel caso peggiore, sei in una conversazione con altre due persone. Queste due stanno parlando e ti senti completamente lasciato fuori.
Non puoi toccare nessuno dei due. Cosa fare?
Beh, quello che puoi. Il primo passo è allargare le braccia. Con la tua voce, se ne hai bisogno, puoi ascoltare attivamente: *"Sì, forte, non me l'avevano detto. Interessante!"*
Fai andare la tua voce, lascia che gli altri avvertano le tue vibrazioni e, ti dico, questo fa davvero la differenza.
E poi, ovviamente, i tuoi occhi e il tuo sorriso. Guardali negli occhi, dai loro delle risposte attive in questo modo.

Ciò che devi evitare a tutti i costi è tornare nella tua testa e pensare "Cavoli, cosa dico ora?", "Cosa posso dire a proposito dell'evento di networking?". Non tornare mai nella tua testa.
Quindi, di solito fa bene essere preparati per queste situazioni di blocco in cui potresti trovarti.
Trova qualcosa in comune che puoi dire per iniziare una conversazione, non importa dove vi troviate. Di seguito

ti fornisco due frasi fantastiche che ti aiuteranno nella maggior parte delle situazioni.

La prima è da usare nel caso tu non conosca la persona ed è molto semplice: ti avvicini e, a questo punto, ti liberi della tua timidezza e chiedi: "Ehi, come va? Non credo di averti già incontrato. Sono Vincenzo. Posso sapere come ti chiami?".
Quel "Non credo di averti già incontrato" è molto potente.
Potresti dire anche "Ciao", che funziona, perché quello che comunica è: "Conosco molte persone qui, e questo è un ambiente in cui le persone dicono ciao, quindi dovreste essere educati e amichevoli". Usalo con persone che non conosci.
Se invece sei in una conversazione con persone che conosci già, o magari con qualcuno che hai appena incontrato e non puoi presentarti di nuovo, una delle cose più semplici da fare è usare la frase: "Senti, questa cosa è un po' campata per aria, però..." e poi dire qualsiasi cosa tu voglia, e nello specifico parla di una passione, di qualcosa che ti piace.
Facciamo che ti piacciono i libri e ti piace indagare su che genere di libri legge la gente. Quello che potresti dire in una conversazione è: "Senti, questa è una cosa un po' campata per aria, ma hai letto qualche libro ultimamente?".

Consigli per sentirsi più sicuri di sé

Ti è mai capitato di entrare in una stanza, guardarti in giro, non conoscere nessuno e farti prendere subito dalla voglia di andartene al più presto?
Bene. Oggi vediamo 3 modi per sentirsi a proprio agio in situazioni come questa.
Queste tecniche potranno sembrare semplici, sicuramente potresti pensare: "Eh, vabbè, ma io queste cose le so già..."
Effettivamente sì, le sappiamo praticamente tutti, però dobbiamo cercare di metterle sempre in pratica e vedrai che con il tempo, se riuscirai a fare quello che ti sto per suggerire con costanza, sicuramente le cose, poi, andranno meglio e imparerai a gestire quella situazione.

Partiamo con il primo suggerimento: mostrare le mani.
Cerca di mantenere sempre le mani in vista. Magari noi italiani siamo famosi nel mondo perché gesticoliamo in modo particolarmente animato.
Cerca di mantenerle sempre comunque in vista, magari non metterle in tasca, non nasconderle ed evita di posizionarle dietro la schiena.
Cerca, invece, di far vedere alle persone che non provi timore, perché già far vedere le mani significa mostrare una certa estroversione.

Se, infatti, ci fai caso, le persone molto timide tendono a coprire le mani, quando si è molto chiusi si tende un attimo a non mostrare troppo di noi, per cui mostriamo le mani perché tanto uno dei primi gesti che facciamo quando conosciamo qualcuno che cos'è? È, appunto, dargli la mano: "Ciao, piacere di conoscerti".

Secondo consiglio: non dare l'impressione di essere chiuso.
Molto spesso ci capita di vedere, magari anche quando andiamo alle feste o quando siamo in un evento pubblico, persone che sono con le braccia conserte, magari appoggiate a un muro ai lati della stanza, e queste persone magari stanno pensando dentro di loro: "Ma perché nessuno viene a salutarmi?", "Perché nessuno viene a conoscermi?"
Ma è proprio quello il motivo: perché facendo questo gesto è come se noi comunicassimo agli altri che non siamo intenzionati ad avere interazioni sociali, non vogliamo avere a che fare con nessuno. "Sono qui per i fatti miei", oppure "Sono già qui con qualcuno", "Non vedo l'ora di andarmene". Insomma, passa un messaggio negativo.
Cerchiamo di non essere così, cerchiamo di mostrare almeno la parte frontale del nostro corpo..

Terzo consiglio, quello più banale di tutti: sorridere.
Il sorriso però non deve essere una cosa forzata, perché sennò la gente se ne rende conto.
Per fare un sorriso genuino, pensa a una cosa particolarmente divertente che ti è successa. Ora prendi nota mentalmente delle caratteristiche di questo sorriso sincero, e cerca di replicarlo tutte le volte che ti trovi all'interno di un'interazione sociale.

Tecniche comprovate per smettere di sentirsi timidi o imbarazzati

Anche se è una vita che sei un tipo calmo, ci sono molte cose che puoi fare per costruire la sicurezza di te stesso, diventare più carismatico e liberarti di quell'imbarazzo sociale per sempre.

Prima di tutto, devi mettere a tacere quella vocina negativa dentro di te.
Le persone timide possono essere molto critiche nei confronti di sé stesse. Se hai una voce interiore severa che ti giudica sempre duramente e ti abbatte, allora sarai più incline ad evitare le situazioni di socialità perché ti aspetti di essere giudicato dagli altri altrettanto implacabilmente.
Pensaci: se una persona si butta giù costantemente per i propri errori, per le cose che non riesce a fare, o se fa

sempre il paragone con gli altri, è probabile che vorrà chiudersi in casa e non incontrare nessuno.
Ecco perché devi sostituire quella dura vocina interiore con una voce più amichevole e più solidale. Devi trattarti con la stessa gentilezza con cui tratteresti un amico. Quando la vocina interiore ha qualcosa da ridire, rispondile e dimostrale che si sbaglia.
Per farlo devi...

Fare leva sui tuoi punti forti.
Tutti sono bravi in qualcosa e tu non fai eccezione. Proprio come gli estroversi, i timidi e i silenziosi sono altrettanto intelligenti, di successo, competenti e interessanti. L'unica differenza è che le persone timide potrebbero avere difficoltà a parlare di ciò che le rende uniche, quindi gli altri non hanno la possibilità di notarlo.
Se qualcuno ti chiede di te, questo è il momento per parlare delle cose in cui sei bravo. Forse sei un avido lettore, hai un incredibile gusto musicale, o sei veramente bravo nel tuo lavoro o negli studi.
Se non parli dei tuoi successi, nessuno ne sarà mai a conoscenza. Senza contare che questo è un grande esercizio per migliorare la tua autostima e per calmare la tua severa voce interiore.
Prenditi un po' di tempo per pensare alle cose in cui sei davvero bravo o agli argomenti di cui sai molto e quando

ti ritroverai in una conversazione queste informazioni saranno la tua arma segreta.
A proposito...

Esterna informazioni su di te.
Essere in un grande gruppo di amici o conoscenti può essere un'esperienza imbarazzante per chi soffre di ansia sociale, ma comunque non aspettare che gli altri ti chiedano come stai, come stanno andando i tuoi progetti o che hai fatto questo weekend.
Prendi l'iniziativa e racconta ai tuoi amici cosa sta succedendo nella tua vita. I tuoi cari apprezzeranno la condivisione di queste informazioni e la conversazione andrà da sé.
Lo stesso vale al contrario: ricordati di chiedere anche ai tuoi amici come stanno!
Parlare di sé e chiedere agli altri della loro vita sembra un compito impossibile per una persona timida perché, beh, significa parlare e avere persone che ti guardano. So che preferiresti farti i fatti tuoi e aspettare che siano gli altri a coinvolgerti nella conversazione, ma se vuoi superare la tua timidezza devi assolutamente esternare informazioni su di te.

Non mettere in luce la tua timidezza.
È fin troppo facile scusarsi con gli altri per un'interazione imbarazzante dicendo qualcosa come "Scusa, sono

molto timido!", ma se esterni la tua timidezza non fai che cucirti addosso questa etichetta. Gli altri potrebbero anche non percepirti così tranquillo o imbarazzato finché non glielo fai notare e da quel momento in poi ti vedranno solo in quel modo.

Non c'è nulla di male nell'essere timidi, ma avere questa etichetta cucita addosso può metterti i bastoni tra le ruote se stai cercando di aprirti ed essere più espansivo.

E se fosse qualcuno a farti notare che sei timido?

Cerca di far finta di niente. Puoi rispondere che tu non ti vedi così o semplicemente ignorare il fatto.

Usa il tuo linguaggio del corpo.

Il linguaggio la dice lunga sul carattere. Quando sono con gli altri, le persone che si sentono goffe o timide possono incrociare le braccia o le gambe, evitare il contatto visivo, rivolgersi altrove, stare in piedi o sedersi più lontano, o, ancora, abbassare la testa. Potrebbero anche nascondersi dietro allo smartphone o tenerlo sempre in mano.

È importante essere consapevoli se si fa una di queste cose e cambiare il linguaggio del corpo per essere più aperti e amichevoli.

Siediti, o sta' in piedi con la schiena dritta, tieni la testa alta e mantieni il contatto visivo. Assumi una posizione comoda, rivolgendoti verso la persona con cui chiacchieri. E, naturalmente, metti via il telefono e ascolta.

Anche se all'inizio ti sembrerà strano avere questa sicurezza, fidati, queste posizioni possono davvero darti fiducia in te stesso.

Inizia a dire di sì.

Se sei timido, probabilmente sei un campione olimpico nel declinare gli inviti solo per evitare di dover interagire con gli altri. Forse trovi mille scuse, o fai di tutto per evitare qualcuno o qualche evento. Ma quando dici no crei una barriera che ti preclude delle opportunità.

La prossima volta che qualcuno ti chiede se vuoi andare a cena fuori o fare una bella gita, prova invece a dire sì.

Se vedi qualcuno che conosci al centro commerciale, non scappare sperando che non ti veda! Se con questo qualcuno, tra l'altro, ti trovi bene, devi solo avvicinarti e chiacchierarci un po'.

Dire di sì può stimolare la fiducia in te stesso.

Inoltre, se le persone ti chiedono sempre di uscire con loro, questo significa che gli piaci e che hanno piacere nel passare del tempo con te. Che aspetti?! Vai e goditi le persone che ci tengono davvero a te!

Stai nel presente.

Se sei in giro con un gruppo di amici e hai detto qualcosa di sbagliato o pensi di essere stato ridicolo, la tua vocina interiore inizia a criticarti e tu sei così preso dai tuoi pensieri auto-sabotanti che non sei più sintonizzato su ciò che accade in quel momento. La tua testa può persino iniziare a prendersi gioco di te e ti sembrerà che tutti ti guardino come se fossi un completo idiota, ma non è assolutamente così!

Per evitare che questo circolo vizioso di pensieri ansiosi ti rovini la serata devi concentrarti su ciò che sta accadendo in quel momento.

Se senti che i pensieri ti distolgono dalla conversazione, un buon trucco è iniziare a fare domande a chi sta parlando in quel momento. In questo modo riuscirai a distrarti e le persone con cui ti trovi saranno contente di essere ascoltate da te.

Fai le cose che ti spaventano.
Questo trucco funziona alla grande!
Eleanor Roswell disse: "Devi fare le cose che pensi di non saper fare".
Ralph Wood Emerson disse: "Fa' ciò di cui hai paura e la paura della morte morirà".
E, ancora: "Se conquisti la tua più grande paura, potrebbe trasformarsi nella tua più grande forza".
Superare la timidezza non significa solamente imparare a parlare con le persone, ma anche fare cose che hai paura di fare.

Prima abbiamo detto che la paura di essere giudicati, di solito, gioca un ruolo importante nella nostra timidezza. Forse hai sempre desiderato ballare in discoteca, far parte di una squadra sportiva o fare un discorso davanti a una folla ma sei sempre stato troppo timido per farlo davvero.

Inizia affrontando le tue paure con l'aiuto di qualcuno di cui ti fidi.

Se hai sempre desiderato cantare, ad esempio, potresti andare ad una serata karaoke con un amico. In questo modo sai che, indipendentemente da ciò che pensano gli altri, hai un amico che è lì per aiutarti.

E quando ci sarai riuscito, beh, niente potrà più ostacolarti!

Come non farsi tagliere fuori dalle conversazioni

Ti è mai capitato di iniziare a parlare in un gruppo di persone, quando improvvisamente arriva qualcuno e ti taglia fuori dalla conversazione?

Magari era un amico, ma poco importa, perché quello che succede è che tu rimani bloccato nella tua testa e non sai più come rientrare nella conversazione e questa cosa può veramente renderti molto meno sicuro di te.

La prima cosa che noto tutte le volte è l'utilizzo improprio delle pause.

Le pause sono essenziali e può essere un modo per tenere incollata la gente che sta ascoltando. Ma soprattutto riescono a creare suspense, specialmente nel racconto di una storia, ma devi mettere le pause nel mezzo delle tue frasi.

Se metti le tue pause alla fine delle tue frasi, stai creando un'opportunità di essere tagliato fuori, specialmente in un gruppo dove sono tutti attivi e vogliono parlare.

Se ti fermi per troppo tempo e le persone pensano che tu abbia finito di parlare, qualcun altro entrerà nella conversazione proprio perché pensano che tu abbia finito.

Sii dinamico.
Noi esseri umani disponiamo di neuroni specchio. Ciò significa che il tuo ascoltatore andrà a riflettere qualsiasi emozione tu stia palesando nel momento in cui parli.

Puoi anche aver passato il giorno più interessante del mondo, ma se quando lo racconti alla gente sei annoiato e lento, non gesticoli e sei monotono, andrai a perdere l'attenzione di tutti.

Se vuoi raccontare una storia e vuoi che la gente ti presti attenzione devi agire in modo dinamico e devi trasmettere euforia.

Devi essere rumoroso.

Non intendo dirti di gridare, ma non sussurrare, non guardarti i piedi e soprattutto gesticola sempre.

Sii rumoroso con il tuo corpo e con le tue parole: solo in questo modo le persone possono sentirti. Altrimenti, se qualcuno non ti parla non è perché non vuole ascoltarti, ma perché probabilmente non sa nemmeno che tu stai parlando.

Quindi, se sei con i tuoi amici in un ambiente rumoroso, magari seduto a un tavolo, e all'improvviso ci sono due gruppi di persone che parlano, è proprio per questo, non perché non vogliono ascoltarti.

Ora, la quarta cosa: devi comportarti come se meritassi di essere ascoltato.

Non importa chi hanno di fronte, può essere Will Smith o Di Caprio, le persone, quando sono in un gruppo, specialmente in un gruppo dinamico, in un colloquio con degli amici, vorranno parlare e lo faranno. Quello che diranno susciterà qualcosa negli altri ascoltatori e qualcun altro entrerà nella conversazione ad interrompere.

Ciò che accade per qualche istante è che due persone stanno parlando insieme. La differenza è che la persona veramente carismatica si comporterà come se si aspettasse di essere ascoltata, quindi continuerà a

parlare fino a che non avrà finito e, una volta terminato, si fermerà e guarderà gli altri in attesa di un feedback.
Se ogni volta che sei in un gruppo, qualcuno fa un rumore e tu smetti di parlare, ti rovini da solo perché sarai interrotto tutte le volte, quindi parla come se meritassi di essere ascoltato ma senza abusare di questa tecnica, lascia parlare anche gli altri.

La quinta cosa è essere concisi, non divagare, perché una storia può essere incredibile in due minuti ma completamente noiosa in cinque.
Devi essere conciso: centra il punto, dì le tue battute, sali e scendi di tonalità e poi fermati.
Una conversazione non è un monologo, non sei un attore sul palco, quindi dì le tue cose e lascia gli altri parlare.
La verità è che molto spesso è più importante come parli piuttosto che quello che dici, specialmente quando avviene nelle dinamiche di gruppo. Sii accattivante e non farti interrompere.

Ci sono un altro paio di cose che, se adoperate in modo corretto, ti permetteranno di non essere interrotto ulteriormente e avrai la possibilità di trattenere chiunque con ciò che stai dicendo. Anzi, in realtà credo siano 3.
Vediamole insieme.

La prima è di parlare di cose che mettono di buon umore la gente. Possono essere complimenti, storie divertenti, possono essere cose divertenti che facciano ridere le persone.
Se i tuoi ascoltatori si sentiranno bene, vorranno starti a sentire più volentieri. Se parli di cose noiose, o stressanti, o complicate da sentire, ovviamente la gente tenderà a tagliarti fuori per passare a qualcosa di più divertente o che li faccia sentire meglio.

Questo non vuol dire che non puoi lamentarti di qualcosa che ti è successo o di cui ti vuoi sfogare con qualcuno, ma, anziché scaricare sul gruppo una serie di lamentele, cerca di racchiudere tutte queste cose in una storia avvincente. Se hai avuto una brutta giornata a lavoro è ovvio che ti vuoi sfogare con le persone che hai vicino, però evita di andare dai tuoi amici e iniziare a lamentarti e a insultare il tuo capo, ad esempio, ma trova un modo di creare una storia che sia divertente da ascoltare anche per le persone che magari non capiscono o non conoscono il tuo lavoro. Prima di raccontarla, dì qualcosa tipo "Ragazzi, dovete assolutamente sentire questa storia…". Questo permette di catturare l'attenzione delle persone e di creare un'esperienza d'ascolto positiva, anche se quello che devi dire non lo è.

La terza cosa è collegata al resto.
Se sei in un gruppo di persone e sai che amano lo sport, o un tipo di show televisivo, o, ancora, la filosofia, qualsiasi cosa, parla di questo e saranno sicuramente molto più coinvolti.
Se prendi una manciata di persone a cui piace lo sport e ti metti a parlare di politica, o prendi un gruppo di persone a cui piace la politica e inizi a parlare di sport, andrai a perdere l'interesse del gruppo.
Parlare di qualcosa che sai che interessa alle persone con cui stai dialogando ti fa risultare anche più interessante e le persone ti troveranno più piacevole, quindi avranno più voglia di parlare con te anche in futuro.

Inoltre, c'è un semplice trucchetto per attirare l'attenzione del gruppo prima di parlare. Consiste nel dire "Questa cosa vi farà impazzire..." prima di raccontare qualsiasi cosa tu voglia raccontare.

Addio noia: come intrattenere, compiacere, interessare

Quando incontri una persona per la prima volta ricordati che non avrai mai una seconda possibilità per fare una buona prima impressione. È stato dimostrato che ogni essere umano nei primi 5 minuti si fa un giudizio dell'altra persona che ha incontrato. In soli 5 minuti creiamo un giudizio e stabiliamo se ci possiamo fidare o non ci possiamo fidare e questo è stato fondamentale per la sopravvivenza dell'essere umano.

Ma attento! Prima di spiegarti queste strategie è fondamentale evitare di fare **i tre errori** più gravi e che fanno praticamente tutte le persone quando parlano con gli altri.

Il primo errore è pensare solo a quello che devi dire. Preoccuparsi solo di quello che c'è nella tua testa per dire la cosa giusta al momento giusto. Nel momento in cui stai solo a pensare a quello che devi dire, ti perdi l'essenziale e l'essenziale è l'altra persona. Ti perdi tutto quello che lui sta dicendo; non solo la parte verbale, cioè non solo le parole ma tutto il suo linguaggio del corpo e tutto quello che è il contesto. Se stai pensando solo a ciò che devi dire ti perdi tutto il resto e difficilmente riuscirai a creare feeling.

Secondo errore molto grave: creare un atteggiamento di chiusura attraverso il linguaggio del corpo. Ad esempio la mano poggiata davanti la bocca, oppure le braccia incrociate, oppure uno sguardo perso nell'ambiente circostante. È stato dimostrato che quando col tuo corpo crei chiusura, automaticamente crei chiusura anche a livello mentale e ti perdi molte delle informazioni che ti stanno arrivando. Inoltre, è stato dimostrato anche che le persone diffidano delle persone che hanno l'atteggiamento di chiusura perché come abbiamo detto prima nei primi 5 minuti valutiamo se ci possiamo fidare o meno della persona che abbiamo di fronte. Difficilmente tendiamo a fidarci della persona che si chiude o ad uno sguardo che non ci ispira fiducia.

Terzo errore: parlare male di qualcun altro, criticare o spettegolare. Questi sono errori molto comuni. Io dico che uno degli sport più praticati in Italia è la critica, ed anche questo è stato provato essere una delle cose che non piace alle persone. Magari lì per lì è un argomento per poter parlare ma quasi sempre poi quando le persone vanno via non portano un buon ricordo dell'altra persona.

Questi tre errori sono davvero gravi. Ora andiamo a vedere quali sono le 10 strategie per poter piacere agli altri nei primi 5 minuti di interazione.

1) La prima strategia è avere un linguaggio del corpo di apertura. Che significa? Innanzitutto, l'apertura si ottiene con il viso, con il corpo e con le braccia. Con il viso significa non andare a coprirsi le parti relative alla bocca, avere uno sguardo che va dritto verso il punto focale (potrebbe essere gli occhi dell'altra persona), avere un sorriso, soprattutto una cosa fondamentale è non stare con le braccia conserte ma avere movimenti ampi e di inclusione (come se tu stessi metaforicamente abbracciando l'altra persona). Magari sei predisposto anche a metterti a fianco, a dargli una pacca sulla spalla oppure sei predisposto ad avere movimenti che simulano un abbraccio, con movimenti larghi e con i palmi delle mani rivolti verso l'altra persona. È stato dimostrato che questo crea feeling molto più delle parole che stai dicendo.

2) Seconda strategia: guarda il tuo interlocutore negli occhi. Questa è una delle strategie più importanti. Quando ci sentiamo guardati negli occhi ci sentiamo importanti perché pensiamo "quella persona si sta interessando sinceramente a me". Se mi sto presentando e dico "Piacere, Vincenzo" guardando

altrove, l'altra persona dice "Ma come, questo si presenta a me, non mi guarda neanche in faccia, quindi non è proprio interessato a me...". Invece, guardiamo dritto negli occhi. È importante guardare gli occhi sia quando ci si presenta ma anche quando si sta dicendo qualcosa rivolta verso la persona. Es. "Lo sai Francesco, l'altro giorno ti ho pensato perché ho raccontato a questo mio allievo un episodio che abbiamo vissuto insieme. Ti ricordi quella volta giù al lago?". Nel momento in cui sto raccontando qualcosa diretta e rivolta a Francesco, guardo negli occhi Francesco. Se ci sono più interlocutori, è fondamentale guardare negli occhi ognuno di loro quando si parla. Dritti negli occhi, non portare lo sguardo altrove. Ci sono persone che per pensare a quello che stanno dicendo iniziano a guardare in alto, altrove oppure guardano a terra. Tutti questi movimenti, oltre a distrarre le persone a cui stai parlando, tolgono importanza alla persona più importante, che non sei tu che parli ma lui che ascolta!

3) Terza strategia: sorridi sinceramente. Esistono mille modi per fare un sorriso finto ma ne esiste uno solo per farne uno vero. Quando parli, sorridi e sei gioviale, dall'altra parte le persone sono contente di vederti. Tendono a fare feeling con te e tendono a fidarsi di te. Ovviamente quel sorriso deve essere vero poiché a livello inconscio ci accorgiamo sempre di un sorriso

falso, soprattutto se guardiamo l'altra persona, ci accorgiamo sempre se sta mentendo. Ti è mai capitato di incontrare qualcuno e pensare: "Non me la racconta giusta", "Non mi fido", "A pelle non mi piace".. in quei casi è l'istinto che ha notato qualcosa che non va. Una delle cose che nota l'istinto è il sorriso finto quindi sorridi ma serenamente e soprattutto sinceramente. Sii davvero contento di incontrare quella persona.

4) Quarta strategia, forse una delle più importanti: sii sinceramente interessato alla persona che hai di fronte. Non fingere, se fingi l'istinto dell'altra persona se ne accorge. Sii sinceramente interessato a lui. Ogni persona è speciale, ogni persona può regalarti qualcosa di davvero speciale. Incontrare o conoscere una nuova persona può essere ricchezza per te. Se ti metti in questo stato d'animo otterrai molto di più dalle tue interazioni. Interessati molto di più all'altra persona. Interessati a lui, a quello che gli piace, a quello che sta dicendo, a come lo sta dicendo.

5) Quinta strategia, che si lega alla quarta: parla delle cose che ama l'altra persona. Questa è facile, basta fargli qualche domanda aperta o chiedigli semplicemente "Quali sono i tuoi hobby? Cosa ti piace fare?". La persona inizierà a raccontare qualcosa, ma ad un certo punto ti accorgerai che una delle cose in

particolare lo entusiasma maggiormente. Allora approfondiscilo, parla di quello e ricordati che quella persona ama fare quella cosa specifica. Magari ama fare sport, ama correre in mezzo alla natura, o ama dipingere, leggere un libro, magari un romanzo di avventura. Ricordati che a quella persona piacciono i romanzi d'avventura perché poi la volta successiva che lo incontri potrai dire "Lo sai, ho letto l'ultimo libro di Wilbur Smith, fantastico, te lo consiglio!" e lui ti chiederà "Quale libro è?" e se magari lo ha letto anche lui puoi iniziare a parlare di qualcosa e avrai creato feeling in un instante. Interessarsi sinceramente all'altra persona significa andare a parlare delle cose di cui ama. Un'altra cosa molto importante è che le persone tendono ad associare te, l'interlocutore, all'argomento di cui avete parlato. Se avete parlato di qualcosa di doloroso o che fa arrabbiare o che crea qualsiasi altra emozione dolorosa o pseudo negativa, assocerà te a quell'emozione. Al contrario, se avrete parlato di qualcosa di entusiasmante, di divertente, di gioioso o di eccitante, assocerà te a quelle emozioni. Quindi è importante evitare con eleganza tutti quegli argomenti, soprattutto la prima volta nella fase di feeling, che creano dolore, rabbia, ansia, tristezza. Bisogna cercare di parlare di quelle cose che sono invece eccitanti, gioiose, divertenti. Queste emozioni verranno associate alla tua persona, nel suo ricordo.

6) Sesta strategia: utilizza spesso il suo nome. Il nome è il suono più dolce che siamo abituati a sentire dalla nostra nascita e soprattutto abbiamo ancorato delle emozioni straordinarie: la nostra mamma ed il nostro papà che ci chiamano per nome. È uno dei suoni più belli che rappresenta un'àncora per il neonato. Nel suono del nome per il bambino c'è amore, sicurezza, affetto. Qualcosa di straordinario che ci portiamo con noi per tutta la vita. Quindi quando conosci qualcuno, ti presenti, memorizza il suo nome e mentre parli con lui, due o tre volte, durante la chiacchierata, ripeti il suo nome. A te servirà per ricordarlo, a lui farà molto piacere!

7) Settima strategia: fai un complimento inaspettato. Ci sono due categorie di complimenti: la prima è quella dei complimenti scontati. Ad es. quando si incontra una ragazza dagli occhi bellissimi, glielo avranno detto tutti "Che begli occhi che hai". Senz'altro farà piacere, però un po' lo si dà per scontato. Un'altra categoria è quella dei complimenti inaspettati, cioè tutti quei complimenti che si basano su un miglioramento concreto ottenuto dalla persona ottenuto nell'ultimo periodo. Mettiamo il caso che l'altra persona è a dieta e ti accorgi che è dimagrita; faglielo notare: "Complimenti, ti vedo dimagrito, mi piaci". Oppure se sai che sta studiando qualcosa ed ha superato l'esame: "Complimenti, ho

saputo che hai superato l'esame, bravo!". Oppure tutte quelle cose che vanno a certificare o sottolineare un miglioramento che ha ottenuto nell'ultimo periodo. Questi sono i complimenti che vale la pena fare. Quelli che lasciano qualcosa di bello e di profondo.

8) Ottava strategia, un po' più tosta da applicare: sii sincero con eleganza. Quando devi dire qualcosa di duro o difficile da accettare, è fondamentale farlo con eleganza. Magari utilizzando frasi quali "la mia impressione è che tu stai facendo questo errore perché …". Se per te è importante fargli notare quell'errore perché è fondamentale per il vostro rapporto, faglielo notare ma utilizza l'eleganza. Lui apprezzerà la sincerità ma soprattutto apprezzerà l'eleganza con cui hai detto quella cosa. Inoltre, non si sentirà giudicato ma ti vedrà come una persona di cui si può fidare.

9) Nona strategia: se stai in un gruppo, sii la prima persona a fare una battuta, ma pertinente. Non una battuta buttata lì, ma una piccola battuta pertinente con quello di cui si sta parlando. Essere divertenti, non in maniera forzata ma in maniera spontanea, aiuta tantissimo a creare un bellissimo ambiente e a creare feeling. È una delle strategie più potenti per creare un ambiente favorevole in cui creare comunicazione. In

più, è uno dei modi migliori affinché tu possa piacere all'altra persona in pochissimo tempo.

10) Decima strategia, utilizza l'ascolto attivo. Si comunica con le parole, ovvero la comunicazione verbale, con il para-verbale, quindi tutto quello che riguarda la velocità, il tono, il volume ecc. e poi con il non verbale, che sarebbe tutto quello che non è parola, quindi il linguaggio del corpo. Si comunica con tutti e tre i canali. Tuttavia, la maggior parte delle persone si focalizza nell'ascolto alle parole ed è sbagliatissimo perché le parole in una fase di feeling incidono in una piccola percentuale. Quello che fa davvero la differenza è la comunicazione non verbale, il linguaggio del corpo, quindi utilizza l'ascolto attivo, non ti puoi limitare solo al verbale. Devi ascoltare guardando. Devi ascoltare capendo il contesto. Devi ascoltare capendo quelle parole in che contesto son state messe e come sono state espresse e soprattutto la fisiologia, il linguaggio del corpo della persona. Quello che osserverai varrà molto di più di quello che ascolterai. Questa decima strategia è fondamentale e deve diventare una forma mentis. Questo ti darà una marcia in più in qualsiasi rapporto interpersonale.

Ora, condividerò con te anche una strategia speciale. Questa è potentissima, sia nei rapporti personali, sia nei rapporti di coppia, sia in quelli in cui vuoi creare qualcosa di importante ed anche nel business. Questa strategia importante si chiama: supera le aspettative. Fai qualcosa che l'altro non si aspetta e che a lui piaccia. Non è facile, ma mettiamo il caso che sai che l'altra persona adora il caffè ginseng. Allora tu vai lì con un ginseng per lui e la tua bevanda. Non era richiesta quella azione, però è una "coccola" e qualcosa di inaspettato che supera le sue aspettative. Predispone le persone in un modo straordinario. Un altro modo per superare le aspettative può essere: se bisogna andare ad una riunione di lavoro e portare una tesina, lo standard della tesina è cartaceo invece tu vai lì con i fogli stampati e in aggiunta una presentazione video. In pratica, fai qualcosa in più di quello che gli altri si aspettano. Questa è la strategia speciale che crea qualcosa di straordinario. Vale anche nei rapporti di coppia. Quando fai un piccolo dono, soprattutto inaspettato, puoi ottenere qualsiasi cosa.

I trucchi per non essere mai noiosi

La prima cosa che dovrai fare è coltivare energia positiva. Prima cosa da fare al mattino.
Sicuramente conoscerai qualcuno che sembra sempre essere di umore scherzoso e divertente, e magari lo

ammiri pensando anche: "Non potrei mai farlo, io non sono nato in quel modo".

Beh, non è così semplice.

Le persone con molta energia positiva hanno abitudini che tendono a farle sentire eccitate e puoi adottarle anche tu per avere gli stessi risultati.

La cosa importante è che dal primo mattino tu faccia attività che veramente ti piacciono e ti caricano. Perciò, ascolta della musica che ti piace, fai sport, guarda un video su YouTube che ti faccia ridere, o semplicemente ascolta una registrazione audio motivazionale mentre vai a lavoro.

Potrebbe sembrare stupido prepararsi sin dal mattino a sorridere e sentirsi bene, ma rende molto più facile sopportare le energie delle tue interazioni.

Secondo: crea una lista mentale di argomenti, di attività da tirar fuori per ravvivare una conversazione. Ci saranno sempre quei momenti dove finirai su argomenti noiosi, perciò è carino sapere esattamente cosa fare per uscire dalla trappola. Le persone che osservano molto solitamente sono capaci di portare qualcosa di interessante per abbandonare una conversazione noiosa. E se hai paura che nessuno nel gruppo possa condividere lo stesso entusiasmo riguardo quell'argomento va bene lo stesso perché la finalità non

è per forza connettersi su quel determinato argomento, ma rialzare l'umore dell'intero gruppo.
Questo sveglia anche le altre persone, le fa sorridere, le fa parlare di qualcosa. A quel punto, sarete già fuori dall'atmosfera di noia.

La terza cosa è imparare a raccontare una buona storia. La cosa peggiore di una conversazione noiosa è quando qualcuno inizia a raccontare una storia molto lunga in una maniera che non cattura l'attenzione di nessuno.
Una vera storia non è solo una sequenza cronologica di eventi: una storia è fatta di stati di emozione e tensione, ha un elemento di mistero che tendenzialmente si risolve alla conclusione. E la cosa bella è che le belle storie spesso fanno venir voglia agli altri di raccontare le loro, il che crea immediatamente una conversazione molto più intrigante.

Andando avanti, l'altra cosa molto importante per renderti più interessante come essere umano è allargare il tuo circolo di influenza. Molto spesso è facile ricadere in uno stereotipo. Difatti, quando siamo a scuola, all'università, molti di noi cercano un gruppo molto simile a noi con cui mescolarci. Il problema avviene quando ti sei così tanto identificato in quel gruppo che sei prevedibile e, onestamente, un po' noioso.

Quindi, quello da fare è allargare il tuo giro di conoscenze al di fuori della normalità del tuo gruppo. Leggi libri che contraddicono la tua opinione, discuti con persone che la pensano differentemente da te, fai attività che non sono da te.

Per esempio, se leggi solitamente libri di miglioramento personale, prova i romanzi; se sei il tipo che solleva pesi per aumentare i muscoli, frequenta una lezione di yoga; e se pensi di non essere bravo a ballare, prova a fare una lezione di danza. Questa è stata una delle scelte che ho fatto 10 anni fa ed è stata una delle migliori che abbia mai fatto.

Il decalogo della buona conversazione

Facciamo un riassunto conclusivo: vediamo le 10 regole d'oro per avere una buona conversazione nella maggior parte dei casi, nella maggior parte delle occasioni. Prendi nota, stampa questa pagina e appendila nella tua camera. Ripassa queste regole ogni giorno e presto entreranno a far parte di te e del tuo carattere.

Regola n.1: saper ascoltare.
Ovviamente credo che a tutti non stia simpatica la situazione nella quale si sta facendo un discorso e c'è una persona che dice una cosa a sproposito semplicemente perché non ha ascoltato il filo logico della discussione.
Il saper ascoltare è il primo dei passi che dobbiamo fare per instaurare una giusta conversazione e avere anche un ottimo rapporto con la persona che ci sta davanti.

La seconda regola è quella di evitare di personalizzare.
Ovviamente questa è una regola che va presa un po' con le pinze, nel senso che se la situazione prevede che venga personalizzata e io racconti una determinata cosa di me o della mia famiglia, lo posso anche fare. Tuttavia, se non lo prevede, stiamo facendo una discussione formale con qualche nostro superiore, anche

nell'ambiente di lavoro, o semplicemente una persona che abbiamo appena conosciuto, cerchiamo di limitarci a raccontare un aneddoto o semplicemente a escludere quelle che sono delle nostre cose troppo personali.

La terza regola è quella di non raccontare troppo dettagliatamente e prolissamente le proprie disavventure.

Sicuramente ti sarà capitato di trovarti nella situazione di dover salutare qualcuno e dirgli "Ciao, come va?" e dall'altra parte questa persona attacca con una sequela di sfortune che gli sono successe, che gli stanno succedendo e cose di questo genere.

Se a noi viene fatta questa domanda, evitiamo di entrare troppo nei dettagli.

"Ciao, come va?", possiamo rispondere: "Bene, tutto a posto". Oppure, eventualmente, possiamo anche dirgli: "Sì, c'è questo piccolo problema, però in generale va bene".

Non soffermiamoci troppo né sui nostri problemi e, soprattutto, quando dobbiamo parlare di questi problemi, se non ci viene fatta la domanda, perché magari non è un amico così tanto intimo, non scaviamo così tanto a fondo, lasciamo che l'altra persona possa cambiare discorso o allontanarsi.

La quarta regola è: fare delle citazioni o utilizzare termini stranieri solamente se si è sicuri del significato e soprattutto della pronuncia. Da tenere a mente soprattutto in contesti lavorativi e professionali.

Regola n.5: guardare il tuo interlocutore.
Facciamo finta che siamo all'interno di una situazione dove ci sono più persone. Assicuriamoci che chi sta parlando sia il bersaglio di periodici sguardi e, comunque, cenni che gli facciano capire che lo stiamo ascoltando.

Regola n.6: lasciamo sempre la possibilità al nostro interlocutore di uscire dalla conversazione.
Quando cominciamo una conversazione non sappiamo che direzione potrà prendere questa discussione. Magari la facciamo sapendo che abbiamo delle idee diametralmente opposte al nostro interlocutore e, se dobbiamo per esempio sederci, diamogli proprio la via fisica di uscita sistemando le poltrone non una di fronte all'altra, come se fosse un dibattito, ma magari una accanto all'altra.

La settima regola è una piccola – diciamo così – "accortezza" che si ha nel preoccuparsi di con chi si sta parlando, nel senso che cerchiamo di ricordarci le persone che a lui sono care se magari ci ha fatto una discussione che lo ha colpito da vicino perché, nel tempo, e magari in un'eventuale discussione futura, potrà essere che potremo ricordarci di queste persone che lui ha citato a lui care e sicuramente ci faranno fare un'ottima figura.

L'ottava regola è mantenere la calma e la pazienza. A volte questa cosa viene un po' sofferta da alcuni di noi, perché bisogna sempre lasciar finire la frase al nostro interlocutore. Anche se non siamo d'accordo con quello che sta dicendo, cerchiamo di mantenere comunque la nostra posizione, lasciamo finire la frase e poi controbattiamo. E, mi raccomando, se per caso il tono della voce si tende ad alzare, cerchiamo di, qualora ce ne dovessimo accorgere, di ritornare qualche tacca sotto.

La nona regola, invece, è: cercare di capire, indipendentemente dalle varie motivazioni… chiaramente, se stiamo parlando con una persona gerarchicamente superiore, oppure stiamo cercando di non far arrabbiare la persona con la quale stiamo parlando perché per noi è importante a livello umano, allora cerchiamo di capire quando è il momento di mollare il colpo, cerchiamo di lasciare all'altra persona il suo spazio, che anche se non la pensa come noi non succede niente, tutti noi abbiamo il diritto di avere un'opinione diversa e cerchiamo di lasciare a questa persona il suo spazio, perché molte persone sentono questa voglia di prevalere su quelle che sono le proprie idee e ideologie, la sentono come una violenza, perché così è.

La decima e ultima regola è estremamente importante: cerchiamo di non saltare all'interno della conversazione che sta avvenendo tra altri due individui.
Prova ad immaginare, semplicemente, che tu stia parlando con qualcuno e arriva un terzo elemento che disturba, in qualche modo, la conversazione.//
Sia che si stia cercando di far passare un concetto spiegando qualcosa all'altra persona, sia che si stia semplicemente chiacchierando, non sempre il terzo elemento (l'elemento di disturbo, in questo caso) è qualcosa che può passare inosservato e può essere tollerato.
Se vediamo due persone, nell'eventualità che ci interessa la loro conversazione e li conosciamo, ovviamente senza dare fastidio, possiamo avvicinarci e ascoltare, ma senza intrometterci, a meno che non siamo chiamati in causa attivamente da uno dei due elementi della conversazione.
In alternativa, è molto meglio tacere e stare da parte, fare da spettatore (se vogliamo usare un termine

comprensibile) alla conversazione, perché rischiamo di infastidire uno dei due elementi, o addirittura tutti e due.

Potresti essere interessato anche a...

Resilienza: una guida completa, pratica ed efficace per combattere lo stress, controllare le tue emozioni e vivere serenamente

Hai mai provato quella sensazione... come se avessi un peso sulle spalle?

Hai bisogno di aiuto per affrontare lo stress, l'ansia e i sentimenti negativi?

Forse non te ne sei ancora accorto... ma ciò di cui hai bisogno è una qualità chiamata Resilienza.

La resilienza ha una connessione diretta con la psiche umana ed è parte di noi senza che nemmeno ce ne accorgiamo. È quella dote di cui abbiamo bisogno ogni giorno per crescere una famiglia, lavorare insieme ad altri, affrontare lo stress, i problemi di salute, le divergenze, il dolore o semplicemente i momenti di difficoltà.

Questo libro è il manuale pratico sulla resilienza che i tuoi genitori avrebbero dovuto farti leggere sin dall'infanzia. Durante la lettura imparerai come affrontare i pensieri negativi passo dopo passo, in modo da poter vivere una vita più felice e appagante. Con consigli pratici e strategie efficaci, riuscirai a costruire una disciplina di ferro, distruggere le cattive abitudini e vivere finalmente con serenità.

Questa guida contiene 2 libri di Vincenzo Colombo:

- Autodisciplina: L'arte e la scienza della Disciplina: come sviluppare autocontrollo, resistere alle tentazioni e raggiungere tutti i tuoi obiettivi

- Abitudini Positive: Come prendere il controllo della tua vita, impostare degli obiettivi e raggiungerli... anche se ora ti sembra impossibile

Ecco un assaggio di ciò che scoprirai all'interno:

- Che cos'è la resilienza... e perchè tutti ne parlano?

- Come scoprire i tuoi punti di forza

- Come costruire una disciplina d'acciaio, anche se ti consideri un "procrastinatore"

- Come eliminare le cattive abitudini dalla tua vita

- Come annientare le energie negative che portano a insonnia, esaurimento e affaticamento surrenale

- Come far funzionare esattamente le tue emozioni per te, e non contro di te! *(questo è davvero importante)*

- Come affrontare le sfide quotidiane nel modo giusto e superarle con facilità

Questo libro ti offrirà gli strumenti per affrontare le sfide della vita con meno ansia, più ottimismo, autostima, calma e concentrazione.

Non perdere tempo e segui i consigli di questo manuale, ti renderai subito conto dei cambiamenti positivi nella tua vita.

Inquadra questo codice QR con la fotocamera del tuo smartphone per saperne di più:

FILOSOFIA PER TUTTI: Lezioni pratiche dai filosofi più importanti della storia per vincere le tue sfide quotidiane, superare qualsiasi ostacolo e raggiungere la felicità

L'obiettivo della filosofia è la quiete del mare dopo la tempesta. (Epicuro)

In questi tempi strani e incerti siamo sottoposti ad una valanga di stimoli che non fanno altro che nutrire il nostro corpo e la nostra mente con informazioni negative, inutili e senza alcun beneficio per la nostra vita.

Ciò che ci manca è la fede in qualcosa, non necessariamente religiosa. Una fiducia nella nostra capacità di pensiero e risoluzione dei problemi, anche quelli più piccoli e quotidiani.

"Filosofia per Tutti" è una guida pratica e dritta al punto, perfetta per chi non ha potuto studiare filosofia a scuola, o l'ha studiata senza interesse, magari a causa di un insegnante noioso...

In questo libro troverai una breve storia della filosofia che, **con linguaggio semplice**, spiega i suoi nodi principali e perché essi debbano essere applicati anche al giorno d'oggi per vivere serenamente ed ottenere la felicità, indipendentemente dalle circostanze esterne.

Non troverai frasi incapibili o linguaggi astrusi. La filosofia **vera** è per tutti, perché parla il linguaggio delle cose. Fare semplicemente filosofia non solo è possibile, ma anche utile, divertente e alla portata di tutti.

Che tu condivida o meno i concetti presentati, leggere l'evoluzione del pensiero umano nel corso della storia **aprirà la tua mente e, forse, anche il tuo cuore.**

All'interno di *Filosofia Per Tutti*, scoprirai:

- Le massime più significative e profonde dei filosofi più importanti della storia - e anche qualcuno sconosciuto alle masse...

- Come eliminare blocchi e resistenze interiori che ostacolano la tua felicità

- Come creare felicità, prosperità e benessere da zero tramite gli insegnamenti degli antichi filosofi

- Pratici esercizi per svuotare la mente da qualsiasi tipo di pensiero negativo e vivere finalmente una vita serena e senza ansia

- Come liberarti definitivamente dalle tue paure più profonde (e anzi trasformarle in punti di forza)

- Come anche tu puoi imparare a pensare esattamente come un saggio dell'antica Grecia

- Esercizi e pratiche giornaliere per essere sempre positivo e trasformare i problemi di tutti i giorni in nuove opportunità

La filosofia è una pratica, non una teoria: qualcosa che si fa, non qualcosa che si dice. (Ermanno Bencivenga)

Dopo aver letto questa breve guida sarai capace di mantenere la serenità, affrontare ogni cosa nella maniera più corretta ed analizzare qualsiasi situazione sapendo esattamente cosa fare.

www.ingramcontent.com/pod-product-compliance
Lightning Source LLC
Chambersburg PA
CBHW030913080526
44589CB00010B/281